5 Basics of
Contemporary Psychology
ベーシック現代心理学

パーソナリティの心理学

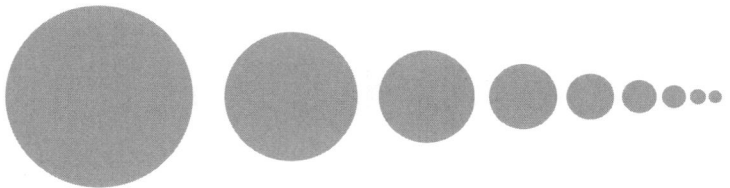

岡田康伸・藤原勝紀・山下一夫・皆藤 章・竹内健児 著

Yuhikaku

まえがき

　本書の著者らの意図は，心理臨床に携わっている者がパーソナリティをどのように考えているか，パーソナリティがどのように心理療法と関係しているかを教科書として，基本的なことを著すことであった。それぞれの著者は心理療法家としてもよく知られている人たちである。

　また，われわれは「あの人はこういう人だ」「彼は怒りっぽいパーソナリティだ」「血液型は人の性格を示している」「親子はよく似た性格になる」などと，パーソナリティに関していろいろと日常生活の中でも話題にしている。本書で，これらが心理学ではどのように考えられているかを，すでに述べたように，特に心理療法に携わっている者がどのように考えているかを，コンパクトに示したいと思っている。本書の中でも述べられているが，パーソナリティとは何かは，突き詰めていくと「人とは何か」に行き着く。これらへの過程やその時々の大切な概念や心のもち方など，実際的なことが本書では他の教科書よりも多く，親切に述べられていると思っている。「人とは何か」を問うというと，哲学的に思われるかもしれないが，そうではなく，たびたび述べているように，心理臨床の経験から述べられているので，実際的であり，わかりよいものになっていると自負している。従来のパーソナリティに関する書物で述べられていることとは異なったものになっているであろう。

　本書は2部構成になっている。Part 1はパーソナリティとは何かについての定義的・基本的なことが述べられている。ここは「パーソナリティ形成に働く要因」「種々のパーソナリティ理論」「発達とパーソナリティ」に関する3章からなっている。ここに発達を入れているのは，発達がパーソナリティにとって大切な視点と考えているからである。発達といっても，児童文学との関係に言及するなど，読者に関心を呼び起こす内容になっている。

　Part 2は「パーソナリティと心理療法」と題して，パーソナリティを心理療法と関係づけた章立てにしている。「パーソナリティと心理療法の目標」「心理アセスメント」「心理検査」「心理検査の臨床的活用」「面接関係とパーソナリティ」「攻撃性と甘えのパーソナリティ」「障害の現代的意味とパーソナリティ

の成長」に関する7章よりなっている。特に心理検査を心理療法の実際と関係づけていることや心理療法を取り上げていることは，この2つの概念が大切であるためであるが，心理療法とパーソナリティとを関係づけている攻撃性についての章は特徴のある章といえる。Part 2の中ではどの章から学んでもらってもよいが，Part 1は章立て通りに学ばれることが望ましいと思う。

　本書の意図を少し説明しておきたいと思う。じつは本書はもう20年も前に企画され，ある程度まで執筆されていた。ところが，筆頭著者である筆者が忙しさのために，執筆が遅れ，いつのまにか20年が過ぎていた。そのときの編集者の堀田清氏に待ちに待ってもらっていたが，いよいよ退職というときになった。堀田氏にとって，本書が未刊であることが心残りであり，彼の助力により，もう一度仕切り直しのチャンスをもらった。ここに出版できるのは堀田氏の力があったからである。また，堀田氏とわれわれの意を汲んで，青海泰司氏が継続の承諾をしてくださり，具体的な手助けを櫻井堂雄氏が引き継いでくださり，さまざまな手助けをしてくださったことに，深く感謝するしだいである。

　教科書の役割は基本的なことを伝えることであるが，20年前にできていた原稿は利用できるところとできないところがあり，共著者にはできていたものを書き直していただくなど，倍以上の苦労をかけてしまった。共著者に再度お詫びする。悪戦苦闘の末にできたものが本書である。ベーシック現代心理学のシリーズとして，パーソナリティの巻を待ちわびてもらっていたであろう読者にこそお詫びして，本書の説明としたい。

　2013年5月

著者を代表して
岡田 康伸

も く じ

Part 1　パーソナリティ心理学の理論

第 1 章　パーソナリティ（人格）とは何か……… 3

   1　パーソナリティとは　3
        パーソナリティの定義／パーソナリティの語源と類似語

   2　パーソナリティ形成に働く要因　6
        遺伝と環境の問題／生物学的・身体的要因／パーソナリティの成熟／パーソナリティの進化

   3　パーソナリティの理解　21

第 2 章　パーソナリティ理論 ……… 27

   1　類 型 論　27
        体液説／クレッチマーの説／シェルドンの体質心理学／ユングのタイプ／特性論

   2　精神分析理論　31
        フロイト／ユング／アドラー

   3　ロジャーズ　42
        パーソナリティ理論／特徴・業績

   4　トランスパーソナル心理学　44

第 3 章　発達とパーソナリティ ……… 47

   1　発達の現代的意義　47
        ライフサイクル

2　自我形成の過程　50
　　　　　乳児期／幼児期／児童期／青年期
　　3　自己実現　62
　　　　　中年期／老年期

Part 2　パーソナリティと心理療法

第 4 章　パーソナリティと心理療法の目標　…………… 71

　　1　心理療法とは　71
　　　　　心理療法の定義と対象／クライエントとセラピストとの関係／技法
　　2　心理療法の目標　76
　　　　　主訴の変化／パーソナリティの変化（変容）／パーソナリティとして暮らす世界／目標と終結

第 5 章　心理アセスメント　…………… 81

　　1　心理アセスメントとその意義　81
　　　　　心理アセスメントとは／心理アセスメントの意義
　　2　不適応状態のアセスメント　82
　　　　　状態像の把握／医学的診断／病態水準／病因論的アセスメント
　　3　パーソナリティのアセスメント　86
　　　　　心理療法とパーソナリティの関係／パーソナリティの6つの側面
　　4　心理社会的アセスメント　90
　　5　アセスメントの方法　91
　　　　　面接／検査／行動観察／第三者情報

6　心理アセスメントからセラピーへ
　　　　　――見立て・ケースフォーミュレーション　96

第 6 章　心 理 検 査　101

　1　心理検査の概要　101
　　　心理検査の分類／心理検査の有効性／心理検査と心理アセスメント

　2　知 能 検 査　103
　　　知能と知能検査／知能検査の種類／知能検査と知能指数／発達検査／子どもを対象とした認知機能検査

　3　パーソナリティ検査　111
　　　パーソナリティ検査の特徴／質問紙法パーソナリティ検査／投影法検査／作業検査

　4　精神症状検査　118

第 7 章　心理検査の臨床的活用　121

　1　心理検査を用いた心理アセスメントの過程　121

　2　心理検査場面のつくり方　122
　　　検査者とセラピストは同一の方がよいか／検査者として／検査者がセラピストと同一である場合

　3　心理検査の臨床的活用　127
　　　セラピストによるクライエント理解の深化／被検者へのフィードバック――クライエントの自己理解の深化／依頼者への報告／変化のアセスメント／セラピーへと動機づける／心理検査をセラピー技法として利用する

第 8 章　面接関係とパーソナリティ　141

　1　パーソナリティを理解する方法としての「面接」　141
　　　面接（法）とは／臨床心理面接

2　面接法の背景にある人間観・パーソナリティ観　　144
　　　　　心理療法としての面接法が立脚する人間観・パーソナリティ観／心理療法の援助モデルから見たパーソナリティ観／心理療法がねらう援助作用の基礎になるパーソナリティ観

　　3　パーソナリティ理解を促進する面接関係　　149
　　　　　面接契約──基本的な枠組みの設定／インテーク面接／面接契約をめぐる面接関係とパーソナリティ理解／パーソナリティ理解における「枠組み」をもつことの意味／構造化された面接法とパーソナリティ理解

　　4　パーソナリティの理解と変容を目指す面接関係　　153
　　　　　面接過程を促進する面接関係における内的構造／面接過程で目指すパーソナリティに向かう諸段階／面接過程の進展に伴う関係技法の面接枠としての機能／その他の面接形態による面接関係

第9章　攻撃性と甘えのパーソナリティ　　161

　　1　攻撃性と甘えの定義　　161

　　2　パーソナリティの発達から見た攻撃性と甘え　　162
　　　　　甘えと攻撃性の源泉／攻撃性の行動化

　　3　被虐待児症候群　　165
　　　　　被虐待児症候群とは／被虐待児症候群の深層／被虐待児症候群の心理療法

　　4　境界例　　170
　　　　　境界例とは／境界例の深層／境界例の心理療法

第10章　障害の現代的意味とパーソナリティの成長　　175

　　1　現代社会における障害の意味　　175
　　　　　因果論から見た障害／目的論から見た障害／目的論の難しさ／コスモロジー

　　2　障害とパーソナリティの発達　　180
　　　　　障害の子どもをもつ母親の成長

●コラム

2-1 エディプス・コンプレックスとエレクトラ・コンプレックス (35)
2-2 新フロイト派 (41)
3-1 身体と心 (49)
3-2 子育て (51)
3-3 奇蹟の人 (54)
3-4 あたらしい ぼく (60)
4-1 心理療法の分類 (75)

6-1 P-Fスタディの系列分析 (116)
7-1 木になってみる――バウムテストの体験的解釈 (136)
9-1 白雪姫 (166)
9-2 片子 (172)
10-1 家庭内暴力 (177)
10-2 ヒルベルという子がいた (185)
10-3 青い鳥 (188)

引用文献　189
事項索引　197
人名索引　202

◆ 著者紹介

岡田 康伸（おかだ やすのぶ）　　第 1, 2, 4 章
　　　　　　　　1943 年生まれ。
　　　　　　　　現在，京都文教大学臨床心理学部教授，京都大学名誉教授。
　　　　　　　　著　書　『箱庭療法の基礎』（誠信書房，1984 年）
　　　　　　　　　　　　『子どもの成長と父親』（編著，朱鷺書房，1987 年）
　　　　　　　　　　　　『ファンタジーグループ入門』（共編，創元社，2000 年）
　　　　　　　　　　　　『子どもが育つ心理援助——教育現場でいきるこころのケア』（監修，新曜社，2002 年）など。

藤原 勝紀（ふじわら かつのり）　　第 8 章
　　　　　　　　1944 年生まれ。
　　　　　　　　現在，放送大学京都学習センター所長，京都大学名誉教授。
　　　　　　　　著　書　『三角形イメージ体験法——イメージを大切にする心理臨床』（誠信書房，2001 年）
　　　　　　　　　　　　『からだ体験モードで学ぶカウンセリング』（ナカニシヤ出版，2003 年）
　　　　　　　　　　　　『臨床心理スーパーヴィジョン』（現代のエスプリ別冊，編著，至文堂，2005 年）など。

山下 一夫（やました かずお）　　第 6, 7 章
　　　　　　　　1953 年生まれ。
　　　　　　　　現在，鳴門教育大学理事・副学長。
　　　　　　　　著　書　『カウンセリングの知と心』（日本評論社，1994 年）
　　　　　　　　　　　　『生徒指導の知と心』（日本評論社，1999 年）
　　　　　　　　　　　　『臨床心理士の基礎研修——ファーストステップ・ガイダンス』（分担執筆，創元社，2009 年）など。

著者紹介

皆藤　章（かいとう　あきら）　第 3, 9, 10 章
　　　　　1957 年生まれ。
　　　　　現在，京都大学大学院教育学研究科教授。
　　　　　著　書　『風景構成法——その基礎と実践』（誠信書房，1994 年）
　　　　　　　　　『生きる心理療法と教育——臨床教育学の視座から』（誠信書房，1998 年）
　　　　　　　　　『体験の語りを巡って』（日本の心理臨床 4，誠信書房，2010 年）など。

竹内　健児（たけうち　けんじ）　第 5, 6, 7 章
　　　　　1962 年生まれ。
　　　　　現在，法政大学学生相談室主任心理カウンセラー。
　　　　　著　書　『スクールカウンセラーが答える 教師の悩み相談室』（ミネルヴァ書房，2000 年）
　　　　　　　　　『ドルトの精神分析入門』（誠信書房，2004 年）
　　　　　　　　　『事例でわかる子どもと思春期への協働心理臨床』（編著，遠見書房，2011 年）など。

本書のコピー，スキャン，デジタル化等の無断複製は著作権法上での例外を除き禁じられています。本書を代行業者等の第三者に依頼してスキャンやデジタル化することは，たとえ個人や家庭内での利用でも著作権法違反です。

Part 1

パーソナリティ心理学の理論

| 第1章 パーソナリティ（人格）とは何か |
| 第2章 パーソナリティ理論 |
| 第3章 発達とパーソナリティ |

　　パーソナリティの心理学と題された本書はPart 1とPart 2よりなる。まず，Part 1では，パーソナリティとは何かが記述されている。このPart 1では，パーソナリティの基礎的概念の理解から，パーソナリティの理解は「その人は何か」を問うことであり，さらにそれは，「人間とは何か」を問うことへと広がっていくことを説明しようとしている。

第1章 パーソナリティ（人格）とは何か

1 パーソナリティとは

◆ パーソナリティの定義

　われわれ心理学者がパーソナリティ（personality：人格）という言葉を好んで使うのは，なぜだろうか。「彼のパーソナリティはAです」と言うとき，これで，彼の全体を言い当てているという自負があるからではないだろうか。しかし，実際はこの言葉で彼全体を言い当てているわけではない。それは単なる幻想であろう。しかし，一方ではこの言葉でたしかに彼の何かを，場合によっては，彼の全体をと言ってもいいほどのものを伝えているのも事実なのである。このように，パーソナリティは不思議な，魅力的な言葉である。

　佐治（1983）は，パーソナリティという言葉が使われるのは「何人かの人間が同じ状況に遭遇した場合，その反応は何故すべて同じでないのだろうか」という問いと「一人の人間の行動が状況の変化にもかかわらず，比較的一定しているのは何故だろうか」という2つの問いに答えるためにパーソナリティという概念が必要であるためだという。言い換えれば，パーソナリティはこの2つの問いを説明することができることになる。

　ところで，堀尾（1983）は，『パーソナリティ』精神の科学2，月報（「人間の正体への問い」）の中で，パーソナリティをめぐるエッセイを書いているが，その内容はともかくとして，「パーソナリティとは何かと問うことは，人間の正

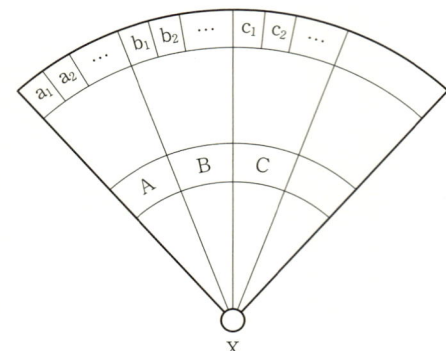

図1-1 扇形によるパーソナリティの説明

体は何かと問うこととほとんど同じことであろう」という文章で始めている。たしかに筆者も同じことを，すなわち「パーソナリティを考えることは人間を考えること」と言っていたことがある。このように，パーソナリティは広い，深い問題をはらんでいる，難しい問題である。パーソナリティを考えることによって人間を考えることは，パーソナリティが魅力的な言葉であることから，人生全体を考えていくことになるのではと思ったりする。

パーソナリティとは何かを考えていくために，まずパーソナリティの定義を次のように考えていきたい。「パーソナリティとは，行動に見られる多彩な個人差を説明するために設定された，1つの概念である」と。

誰から聞いた話かを思い出せないので，申し訳ないのだが，パーソナリティとは扇の要と考えるのである（おそらく，倉石精一先生だろうとは思うのだが，はっきりしない）。

扇の要はその人の中心，すなわち，その人の核であり，扇の円周はその人の個々の行動（$a_1, a_2, a_3, \ldots, b_1, b_2, b_3 \ldots, c_1, c_2, c_3, \ldots$）と考えるのである（図1-1）。この行動を起こしているものを収束したいくつかの因子（A, B, C, ……）がある。中心には，要がある。この考えはパーソナリティ検査の質問項目と因子との関係を考えるとわかりよい。パーソナリティ検査の質問項目は $a_1, a_2, a_3, \ldots$ であり，それらをまとめたものとしての因子が A である。パーソナリティ検査ではせいぜい A, B, C などを示すことぐらいであろう。

では，要のパーソナリティXはどういうことになるのだろうか。「彼は誠実です」と言ったとき，それは彼の性格記述の1つであろう。ところが，これらの性格を含めて，「彼は誠実です」という文章が彼の全体を言い表していることもある。この場合，この文章は彼の人格を言い表しているといえる。しかし，彼は不誠実なことをすることもあるだろうし，必ずしも本当に彼の全体を示すことになるのかの疑問はつきまとう。

要のXはいったいどういう言葉で示せるのだろうか。要を簡単な言葉で言いたいのである。このとき，筆者は名前が微妙な役割を果たしているのではないかと思う。知らない人に，「私は岡田康伸です」と言うときは，名前を単に知らせているだけであろう。ところが，周知の人の間では，「岡田康伸が要のX」として働くこともある。「同一性を確立した」というとき（こういうことはありえず，筆者は常に同一性の確立への過程と考えているのだが），岡田康伸という名前が，すべてを含んでいるのではないだろうか。結局は，「私は岡田康伸」としか言えないのである。

◆ パーソナリティの語源と類似語

パーソナリティ（personality）の語源はラテン語のペルソナ（persona）にあるという。ペルソナはもともとは仮面を意味した。ある人が，仮面をかぶってその人の役割を演じているとき，その人はその役にだんだんなりきっていき，しまいには，その人自身になってしまうことが起こってくる。このとき，その人は仮面と一体であり，仮面のその人になりきってしまうことになる。このような変化から，ペルソナはその人自身ということになっていったと思われる。C.G.ユング（C. G. Jung）の分析心理学には，ペルソナという概念がある。くわしくは第2章で触れるが，ペルソナはその人のその時々の役割をいう。家庭の中であれば，父親としての役割を果たそうとし，会社にいるときは，社員としての役割を果たすなどの，その時々の役割をペルソナと呼ぶ。これらは見方を変えると，その時々のその人自身がどのように見られているかを表している。例えば，その人は「まじめな人」と考えられていれば，その人はまじめなパーソナリティといえる。しかし，それはその人の一部であるのだが。

人格は，パーソナリティを日本語にしたものである。パーソナリティと似た言葉に性格と気質がある。この三者の違いはどうであろうか。パーソナリティ

と性格とはほとんど同じで使われることもある。また，パーソナリティを上位概念として，パーソナリティの中に性格と気質があるとすることもある。そのときの性格（character）の定義は「人の行動の背後にあって，特徴的な行動の仕方や考え方などを生み続けている態度」である。要するに，性格はパーソナリティの態度の面を示している。また，これはギリシャ語で「刻み込まれたもの」を意味したところから発生しているという。気質（temperament）は「パーソナリティの基礎になっている生物学的な感情的な性質で，新陳代謝や生化学的変化に関係があると推定されるもの」という。気質はパーソナリティの生物学的な面を示していることになる。

　パーソナリティというとき，ここでは知的な面は除いていることに気づく。本当は，心理検査の報告などに見られるように，「パーソナリティ」という意味は，性格面と知的な面とを分けて考えていかなければならないからである。また，そのとき一般には性格面で，愛情欲求，情緒，攻撃性などと分けて記述するようになっているものである。くわしくはパーソナリティ検査を扱った第6章を参照されたい。

2　パーソナリティ形成に働く要因

◆ 遺伝と環境の問題

　心理学の問題を考えるときは，いつも遺伝と環境との関係が問題となるが，パーソナリティの形成についても例外ではない。ここでその例をいくつか挙げて，パーソナリティの形成には遺伝も環境も深く関わっていることを明らかにしておきたい。W. シュテルン（W. Stern）は遺伝も環境も関係することを輻輳(ふくそう)説といっている。

　(1)　遺伝の問題　　パーソナリティに遺伝が関わっている証として挙げられる例に，家系研究や双生児法などがある。家系研究には狩野家やバッハ家などの研究がある。これらの家系には絵描きと音楽家が大勢いることがわかっている。さらに，カリカック家やジューク家には問題行動を起こす人が大勢いたことを明らかにして，遺伝が何か関係しているのではないかと推測している。

　たしかに，このような家系には，何か遺伝も関与しているだろうが，遺伝だ

けというわけでもない。逆に，そのような家の環境が影響した証にもなりうる。家系研究は先代まで遡（さかのぼ）っているが，まったく正確というほどでもないし，その時代の文化や社会の影響を無視しすぎている。また，このような研究はその人や家族の人権を侵害するおそれもあり，難しい問題を含んでいることを十分認識していなければならない。

双生児法は双生児の比較によってパーソナリティ形成の要因が遺伝か環境かを考えていこうとするものである。双生児が生まれる場合，一卵性と二卵性がある。前者は遺伝子が同じと考えられている。後者は必ずしも同じ遺伝子ではなく，兄弟と同じ遺伝子と考えればわかりやすい。一卵性双生児の場合，違う環境で育てられて，パーソナリティが違えば，それは環境の違いのためと考えられるし，パーソナリティが同じであれば遺伝の可能性が強いことになろう。二卵性のときには，同じ環境で育てられていて，同じパーソナリティであれば遺伝か環境か判断はつきにくいが，環境の可能性が強いことになろう。パーソナリティに違いが出てくれば，それは遺伝の可能性が強いことになろう。

動物実験によって，例えば，はしっこいネズミを何世代も掛け合わせていくと，相当の確率ではしっこいネズミが生まれてくるという。これも遺伝が何か影響していることの証といえる。

(2) **環境の問題**　環境の重要さは今日，多くの研究が明らかにしてきている。

❶　初期経験の重要性

(a)　ホスピタリズム（hospitalism）――母親によるのでなく，乳児院や養護施設などで育てられた子どもたちに見られる発達の遅れを総称した言葉。特に，感情の変化の乏しさや対人関係のもちにくさなどが問題であろう。日本は欧米よりもホスピタリズムは少ないといわれていたが，近年は増えてきており，欧米並みになったといわれている。

(b)　マターナル・ディプリベーション（maternal deprivation）――これは，母性剥奪と訳されており，母親が子どもに母性を与えなかった（少なかった）ために，さまざまな問題行動を起こしたり，発達に問題が生じてきたりしているとき，その子は母性剥奪であったという。母親との関係から性格や人格に問題を起こしていることになり，環境がこれらに大きな影響がある証といえよう。

母性剥奪の原因は，生まれながらの母子関係の歪みや強制的な乳幼児期初期の母子分離や複数の母親に育てられたこと，などと考えられている。この概念にはいろいろなものが含まれており，単純な問題ではない。

（c）　愛着（attachment）——子どもが成長するためには，乳幼児期に母親との情愛的な交流が大切であることが明らかにされてきている。特に，母親との接触が大切であることがいわれている。母親を求める子どもの行動を愛着行動という。次のような例が有名である。まず，H. F. ハーロー（H. F. Harlow）のサルの実験がある。サルを育てるとき，人形の親ザルを実験として用いる。このとき，針金の人形（ハード）と布で巻かれた感触のよい人形（ソフト）を置いておくと，サルはいつも，ソフトの人形にくっついているという。たとえ，ハードな人形でミルクが飲めるようになっていても，ほとんどのときをソフトの人形のところですごす。空腹になったときのみ，ハードの人形のところに行き，ミルクを飲んで，空腹を満たす。この実験は感触のよさが大切であること示している。また，R. A. スピッツ（R. A. Spitz）が皮膚感触のよさの大切さを主張したことも有名である。このように母性は人の成長に大切である。

❷　住宅環境とパーソナリティ

「高層住宅の子どもたち」の磯貝（1989）の研究や『朝日新聞』の天声人語に載った「人口密度とストレス」やある建築家から聞いた話だが，ネズミの実験で人口密度（ここではネズミ密度というべきか）が高くなると，ネズミはいらいらし，攻撃的で，落ち着かなくなるなどの行動をするという。これから，ある一定の人口密度が高くなると人間も攻撃的で，いらいらした行動をとるようになるのではと推測されることに見られるように，住宅環境もまた，子どもの成長に関係していると思われる。

いま，マンションに住む人が多くなってきているが，マンションが性格に与える影響についてのデータはじつは少なく，これから実証されていくであろう。いくつかの考えはある。例えば，母親が窓から外にいる子どもの名前を呼んで聞こえる範囲が望ましいという。これならば，せいぜい4階であろう。また，パーソナリティ形成に適したマンションの高さは子どもが気楽に外へ出かける気になる範囲という考えもある。これはエレベーターがマンションにあるか否かとも関係してくるという。一般には，5階建て以上からエレベーターがつけ

られなければならないらしい。エレベーターがつくと一見外に出やすいようだが、そうでもなく、むしろ、これ以上になると、子どもは外に出かけにくくなるのかもしれない。すると5階が1つの限界なのだろう。この頃、マンション経営のために、5階建て以上でなくてもエレベーターはつけられることが多くなってきている。老人にはエレベーターは便利ではあるが、子どもが気楽に外へ出かけることを阻害するのかもしれない。すると、5階以下でもエレベーターがつくと子どもは外に出にくくなってしまうかもしれない。

❸ 文化・風土との関係

国によってしつけが異なることや就寝パターンが異なることなど、文化もまた、子どもがどのように成長していくかなどに影響していると思われる。また、その国がどのような大人になることを求めているかや期待しているかも、その子どもが成長していくのに大きく影響しているであろう。

また、捨て子や動物にさらわれて、動物（特にオオカミが多いといわれている）に育てられた野生児の存在は、環境がその子の成育に大きく影響していることを示している。アヴェロンの野生児やカルカッタ近くで見つけられたカマラやアマラの例がある。彼らは言葉だけでなく、行動や性格などが動物的だし、発見後、たとえ人間社会に戻ってきても、その適応は容易ではなかった。

❹ 家族構成

依田明は長幼の順で性格が規制されるところもあるという。彼は長子的性格と次子的性格とを調べた。彼によると、「長子は自制的で、慎重で、ひかえめで、親切であるが、めんどうなことを嫌う。これに対して次子は快活で、活動的であるが、おしゃべりで、甘ったれで、強情で、依存的で、やきもちやきである」という。このようなことが起こってくる理由の1つに日本文化すなわち、家父長制の影響がまだあるという。

兄弟間で影響を与え合っていることもある。次の2つの書物は、兄弟の関係をわかりよく示しているよい例と思われる。佐野（1982）の『わたしが妹だったとき』とI.ボーゲル（Vogel, 1976）の『ふたりのひみつ』である。これらの書物が示すように、兄弟は知らないうちに、お互いに影響し合っていることが多い。

(3) **臨床の経験から**　心理臨床の経験から、次の3点がパーソナリティ

形成に関係していると思われるので、述べておきたい。

❶ 基地（base）の大切さ

人が成長していくときに、基地となる場所が必要であることを次の例が示している。

1つにはプレイルームでの畳やダンボールの役割である。子どもがプレイルームに入ってきて、まず畳のところに行き、心を落ち着かせているようにしばらくそこにいて、それから遊び出すとき、この畳はこの子どもにとって、心を落ち着かせる場所、すなわち基地となり、ここの確認をすることから遊び始めることができる。このような場所が大切である。自閉的な子どもは畳やダンボールの中に入り、しばらくじっとして、それから遊び出すこともよく見られる。

2つ目は、ある家裁調査官から聞いた話であるが、非行少年の次のような話がある。「試験観察になったある少年が順調に矯正の道を歩んでいたとき、再び窃盗をした。しかも自動車を盗んだという警察からの連絡が入った。どうしてかと思いながら少年に会い、理由を尋ねた。すると、少年は祖父の生まれたA県に一度行ってみたかったので、ついつい自動車を盗ってしまったという。少年は東京生まれで、A県は知らないが、祖父から話は聞いており、A県が自分の郷里だと思っていたという。そこから新しい生活を始めるために、けじめとして一度行ってみたかったという。祖父の話を頼りに、祖父が住んでいたと思えるところに行ってきたという。残念ながら住んでいたと思われるところはもうなくなっており、マンションが建っていたと。悪いことをして、A県に行ってきたが、何かすっきりしたし、もう悪いことはしない、と言い切った」。たしかに、それからは問題を起こすことなく、矯正していった。この話は少年が立脚すべき場、すなわち、ふるさとの存在の必要性を示していると思う。それは少年が生まれた場所というよりも少年の祖先と関係のある場が大切だったのではないだろうか。

3つ目は、『思い出のマーニー』（Robinson, 1967）のお城の存在とそこでの母親と同じようなマーニー体験である。くわしくは述べられないが、話は次のようである。「ある少女が不登校になる。養母である母親は転地療法のためにその少女を海岸の知り合いの家にやる。そこは偶然実母が住んでいた城の近くであり、そこで不思議な経験をし、その少女は元気になる」。これは実母のいた

城を知ることと，実母と同じような経験をすることがこの少女に大切なことであったことを示している。少女の居場所を確かなものにしたといえよう。

　基地は変わらないものがいい。しかし，今日，町も突然大きく変わってしまう。自然さえ，変わってしまう。例えば，山さえなくなってしまうことがある。人間の成長にはこのような変化は好ましいものではない。

　ところで，ここで原風景について少し触れておきたい。筆者が原風景を知ったのは岩田慶治の論文からであるが，原風景についてはいくつかの論文が見られる。ここでは，上記の「場」と関係があるものとして，関根（1982）の「原風景試論——原風景と生活空間の創造に関する一考察」を参考に述べたい。原風景とはいままで，2つの意味で用いられてきているという。1つは「単にものやことの原型ないし原像といったニュアンスを持ったもの」である。2つ目はここで取り上げたい意味だが，「人の心の中に蓄積されているさまざまな風景の中で，とりわけ深く刻まれているもので，人の『こころ』の出発点にかかわる風景」である。関根はいままでの論文をレビューして，原風景を「幼い頃を過ごした生活空間の風景を核に，ミクロコスモスを志向する個性的創造物としての心の風景」という。原風景は人の心の底にあって，その人が行動することに，何か影響を与えていると思われる。

❷　父性と母性

　母性が人の成長に大きな影響を与えていることは，すでに述べたいくつかの例で明らかであろう。ここでは，筆者が箱庭療法を主な研究テーマにしているので，D. M. カルフ（D. M. Kalff）の母子一体感について述べておきたい。カルフは箱庭療法で大切な治療要因として，自由で保護された空間と母子一体感を挙げる。母子一体感は箱と砂とセラピストの守りとで醸し出されるものであり，人が成長するためには，一番大切なものであるという。クライエントとセラピストとの人間関係が母子一体感であり，クライエントはセラピストを安定した「場」としているといっていいかもしれない。たしかに，これは人が成長するときには，母の膝が大切であるというのと同じであろう。箱庭の用具とセラピストとの人間関係で一体感が生まれるとき，箱庭によるセラピーは進行していくのである。別の立場に立つなら，「抱える」ということと同じであろう。いずれにせよ，成長のためには母性が大切であり，必要である。

母性が必要なことに気をとられているだけでなく，父性についても大切であることを強調しておきたい。父性は子どもに直接関係するとともに，母を支える役割も大切であると思う。また，母性が包み込み，温かく子どもを育てる役なのに対して，父性は切断し，厳しく子どもに接するということができる。父性はまた，社会性を子どもに伝えるということができる。父性が子ども一般に対して，よいか悪いかを判断しているのに対して，少し極言すれば，母性はわが子だけを大切にするという違いがあるといえよう。父性は道徳を伝えるともいわれている。すべきことと，してはならないことをはっきり区別して子どもに学ばせるといえよう。父親の役割が大切になる一例として，子ども，特に男の子が3～4歳頃にお父さんのまねをして，例えばあぐら座りをするとか，お父さんの食べるものが好きとかいうことなどに見られる。この同一視が起こる理由の1つに，子どもは母からの分離を企てているのかもしれない。母と子は生まれるまでは文字通り心身ともに一体であったが，誕生によって，物理的・身体的には分離したが，心理的には一体感が続いている。しかし，母から心理的にも少しは分離する必要がある。このとき，父への同一視が起こってきて，母からの分離を助けるのではないだろうか。

　家庭においては，この父性と母性のバランスがとれていることが望ましいといえよう。母親は母性を，また，父親は父性をたくさんもっているといえるが，母親も父性があるし，父親にも母性があると考えている。母親の母性と父親の母性が，また，母親の父性と父親の父性とが違うか否かはまだはっきりといえないので保留にしておきたい。みなさんも考えてほしいと思う。表1-1は父性と母性を象徴的に大胆に分けたものである。

❸　戦　　い

　パーソナリティの成長に戦いが重要な役割を果たしていると思う。戦いは他人との攻撃的な戦いだけでなく，自分の中での戦いもあることを強調したい。戦いを広い意味で使っていきたいと思う。この頃，話題になりつつある「悪」とも関係していよう。ユングの言葉でいえば，影（shadow）と関係しているといえる。ユングの影について，くわしくは第2章のユングの考えの解説に譲るとして，何かがあると常に，その影があり，それは抑圧されることが多い。いわば，地下に存在するものである。いつもは，あまり意識されることはないが，

第1章 パーソナリティ（人格）とは何か

表 1-1 父性と母性

父性	母性
・昼，太陽，右，天上	・夜，月，左，大地
・精神，生，個人	・物理，死，集団
・外面的，外的空間	・内面的，内的空間
・意識的	・無意識的
・社会との関係（適応性，価値観，道徳意識，男らしさ，女らしさを伝える）	・家庭（家族関係を円滑に，愛情や共感）
・分離－移行－統合のプロセスでの役割（イニシエーション）	・産み，養い，保護する
・意志の発達	・抱きすくめて，放さない 子を呑み込む
・権威の象徴	・没我性，無意識，自然
	・物事を区別しない，包容的
	・身体－容器
	・愛情の（最初の／最強の／原型を形づくる）対象
	・母性の（伝承性／直観力／感情移入の力）いまは欠如

ときに地上（意識）に現れてきて，人々を悩ます。このとき，表にあったものと，地下から出てきたものとが，戦うといえる。

　誰も戦うのは本音では好まないと思う。しかし，残念ながら，この世では戦わざるをえないのである。この世では，起こってほしくないことが起こる。例えば，親の死がある。好まないことが起こったとき，それに耐えるのであるが，心の中では怒り，「どうして，私だけ，母親が死んだのか」と考えるであろう。このとき，戦うことを知らなければ，生きていけないのではないだろうか。母親を殺した運命の神と戦うのか，周りの人に，母親の死の原因を求めて，その人と戦うのかなど，その矛先はどこかに向けられているのではないだろうか。人生は平穏に過ぎていけばよいが，いろいろな不慮なことが起こってくるものである。このような不慮な，予期しないことが起こってきたときは，人は戦わざるをえない。例えば，児童文学の『果てしなき戦い』（Carter, 1974）の主人公マダーは，子どものとき，育てられていた土地が侵略され，奴隷となり，それからの人生は戦いにつぐ戦いをし続けた物語である。最後は，宗教にめざめていく。このように，戦いの文学は数多くある。

筆者は戦うことによって人は情緒的な発達をするのではないかと考えている。特に，兄弟げんかはこのためのよい例だと思う。兄弟げんかもあまりにも激しすぎたり，大人の思惑が入るとかえってマイナスとなることもあろうが，適度なけんかは大事だと思う。これは怒りや不満や我慢などさまざまな感情をわき上がらせ，鎮めていく方法を学ぶよい機会になると考えるからである。大人が関与するのでなく，子ども同士に任せておくこともこのときの大切なことであろう。戦いのない社会を目指すことは尊いことであるが，どのように戦うかを学ぶこともパーソナリティの成長に大事なことである。いじめ，いじめられの関係は戦うことではない。もちろんいじめられている人が戦えればそれに越したことはないが，そうできないからこそいじめられていることを，教師をはじめ，関係者はきちんと理解していなければならない。

◆ **生物学的・身体的要因**

身体がパーソナリティや人の行動に影響を与えていることは，次のような例で明らかであろう。

1つは，内分泌がパーソナリティに与える影響である。甲状腺異常はいらいらとなりやすく，かつ攻撃的になるといわれている。これは身体がパーソナリティや行動に影響を与えているよい例であると思われる。

また，2つ目は，いまは，あまり使われていないと聞くが，ロボトミー（前頭葉白質切截術）による活動の低下をいかに考えるかという例がある。前頭葉を取り除くと人はおとなしくなるという。たしかにおとなしくなるが，これは活動全体が低下しており，活動低下によっておとなしくなったように見えるのか，たしかにおとなしくなったのかの区別がつかない。どちらかといえば，活動低下によると思われる。

3つ目は，第2章で類型論として述べるが，E. クレッチマー（Kretschmer, 1921）の『体格と性格』が挙げられる。これはまさに，体格が性格と関係が深いことを示した著書である。

ここで，身体像について少し考えておきたい。身体像が行動に大きく影響を与えているからである。身体像（body image）とは「意識化された自己の身体の空間的心像を身体像，身体意識といい，意識の背景となって身体像を形成している働きを身体図式（body schema）」という（北村，1978）。もともとこの身

体図式はP. シルダー（P. Schilder）によって1923年に導入された概念であり，「各人が自己の身体についてもつ空間像」をいう。また，「身体像は身体をめぐる体験を反映しつつ，自己の主要部分となり，その人のあり方に大きな影響を及ぼしているという」。

　この身体像は相当，早くから獲得していると思われる。例えば，乳幼児が這ったり，歩いたりすることができるのはこの身体像を獲得したからだと思われる。筆者の孫の観察という私的でまだ一例だけであるが，ある1歳の乳児は歩き始めたとき，ちょっとしたことで倒れるが，偶然，風でたなびいてきたカーテンをすかして歩き続けた。これは偶然ではないかと思ったが，たなびいてくるカーテンにはいつも当たらないで歩くことができた。これは何を意味しているのかと考えたとき，この乳児は身体像をすでに獲得しているためではないかと考えることが自然のように思えたのである。歩くのは単に，運動能力がそのようにできるようになったというだけでなく，身体像のような心の発達も大切なことであり，関係していると思う。このような身体像をいつつくれるのかと考えると，母親の顔をなでまわしていることや寝返りや足をばたばたさせることなどは運動しているというだけでなく，これらを通して，身体像をつくっていたといえよう。

　上野ひさしは，この身体像をもう少し拡大して次のようなことを主張している。例えば，高いところに置かれているものをとるとき，わざわざ自分の背の高さと置かれている棚の高さとを測ることはしないで，なんとなく届くか届かないかを見極めている。これは自分の身体の感覚をつかんでいるからだといえよう。自動車の運転をするとき，車体は運転手の一部になっており，すなわち，車体を含めたものがそのときの運転手の身体像になっており，スムーズに運転できると考えられる。さらに，例えば，「年老いたおばあさんの顔のしわにその人の年輪を感じる」と表現するとき，顔のしわに刻み込まれたものを何か想定している。そのようなものが感じられるのである。顔のしわが年輪を感じさせるものとしてあるわけではない。

　このような考えをもう少し広げると，ホロトロピック・ブリージングワーク（第2章第4節で述べているトランスパーソナル心理学はこの実践に基づくところがある）の例や上原輝男の話が興味深く思われる。ホロトロピック・ブリージング

は，いままでの体験が身体に刻み込まれていると考えている。このワークでは過呼吸を手段として用いる。過呼吸すなわち，早くて深い呼吸を続けると，過去に経験した痛みや悲しみなど身体にいままで押さえ込まれていたものが表面に現れてくる。過呼吸を続けていると，「痛い，痛い」というものや泣き叫ぶものなどいろいろな行動を起こす。過呼吸によって過去の身体に刻み込まれていたものが呼び覚まされたと考えられている。また，上原は，古代の歌に出てくる和服の袖の意味を身体の一部と考えるべきだという。歌の中で，例えば，「袖を掛けて」と表現したときには，その掛けられた人と一体になっていることを読み取るべきだという。袖も身体なのである。このように，身体は成長とともに大きくなるだけでなく，心の成長にも大きく関わっていると思われる。

◆ パーソナリティの成熟

　パーソナリティが形成されていく過程を成熟という視点でとらえたい。パーソナリティの形成過程はパーソナリティの発達や発展や展開などといえよう。パーソナリティの発達については第3章で述べられるので，そこを参照してほしい。すでに述べてきたパーソナリティの諸側面の例の中に，発達的なことは述べているので，少しここでは自我の発達という視点からのみまとめてみたい。

　乳児が寝返りを始める頃から，いやもっと初期から身体像を獲得し始めていると思われる。心の発達すなわちパーソナリティの発達が起こってくるとき，そのもとに身体像が関与していると考える。ここに自我が発達してくる。例えば，自分で動けるようになって這うことや歩き始めることや，自分がスプーンで食べると主張することや，トイレに行くか否かを幼児自身が決めようとすることなどに自我の形成を見るのである。トイレに行くか否かは，母親といえどもどうすることもできないことがわかり，自分の判断が大切であると知り，自分を意識してくると思われる。これは自我の質的な変化を伴っていると思われる。ここで，自我意識について少し述べておきたい。K. ヤスパース（K. Jaspers）は自我意識を次の4つにまとめている。

　① 能動性——自分が活動しているという意識
　② 単一性——同じ瞬間には1人だという意識
　③ 同一性——時間が経過しても同一だという意識
　④ 他人と外界に対して自分が存在しているという意識

である。さらに，自我意識について特に，10歳頃に意識する自分について西村（1978）の考えを要約すると，次のようになる。「自我意識とは，自分が自分と感じることであり，これが自分という経験」をいう。また，「突然に，霊感のごとく感じ，外界と隔離された気分」ともいう。さらに，「実に心を奪われ，冷たさもない何も感じないほどの感覚的体験」という。

　筆者はパーソナリティの発達も大切であることを認めながらも，パーソナリティの質に焦点づけ，パーソナリティの成熟を強調していきたい。

　パーソナリティの成熟は次章で述べるパーソナリティ理論や第4章の心理療法とも関係してくるが，目指すべきパーソナリティの目標，すなわち，理想的なパーソナリティ像を挙げることがまず大切である。例えば，ユングは個性化（individualization）を，C. R. ロジャーズ（C. R. Rogers）は十分に機能すること（full functioning）を，A. H. マズロー（A. H. Maslow）は自己実現（self actualization）を主張したことなどに見られる。中井久夫は「退行しても回復してくる力を習得すること」といっている。各目標のくわしい説明は各理論を解説するところに譲るとして，パーソナリティの成熟の視点では「変容」と「熟してくるもの」と「自発性」の3点を強調しておきたい。

　変容とは，これをさらにわかりやすくするために，心理療法を説明するときに用いる比喩を挙げておく。心理療法を化学変化と対応するものと考えるのである。すなわち，化学変化は例えば，固体を液体に変化させたりして，別の物質をつくり出す。心理療法において，これに対応させながら述べると次のようになる。心理療法では，セラピストとクライエントとの相互関係に基づき，クライエントの成長とセラピストの成長の両者の成長をもたらす。このとき主訴がどうであるかも問題であるが，クライエントの変容は起こったと考えている。クライエントは質的に変化しているのである。

　「熟してくる」とは，成長や発達や発展していくためには，一定の，そのときそのときに必要な時間がいるということである。必要な時間は短縮されない。「時」を考えるとき，カイロスとタナトスとに分けて考えられる。カイロスとは時熟のことで，そのように熟すためにはそれだけの時間が必要とされる。けっして早くすることはできない。例えば，人間が生まれるためには280日が必要である。このように，パーソナリティの成熟もカイロス的なところがある。

タナトスとは時計の時間のことで，正午になると，例えば，朝食をついさっきすませていてもなんとなく昼食を食べたくなるようなとき，タナトスに従っていることになろう。カイロス的ならば，お腹が減ったとき食べることである。しかし，昼休みに，昼食をすませておかないと昼食をとるチャンスがなくなってしまうおそれがある。われわれはタナトスに支配されながら，カイロスをも大切に考えていこうとしている。心理療法はカイロス的な面が強いと考えている。

「自発性」とは，それがみずからの力によって，成長するということである。いわば，自動的に成長していく。自動詞的であり，みずからの中に，成熟していく要素がある。それをキャッチし，生かしていくことが大切であろう。

◆ パーソナリティの進化

「人格の進化」という考えは藤岡喜愛によって提唱されたものであり，筆者は非常に興味深く思うので，ここに，特に紹介したいと思う。藤岡は，東アフリカのタンザニアの北部にあるハッツァやワティンディガやネパールやカラコラムの人たちのロールシャッハ・テストやバウムテストの結果をどのように考えるかを熟慮して，パーソナリティの進化という考えを提唱した。

彼らのテスト結果は，欧米の人たちのものと比べれば，幼児型や児童型を示す。しかし，彼らはその社会では成熟した大人であり，けっして未熟な，幼稚な者ではない。このギャップをいかに考えるべきかを熟慮して，藤岡は「テストはある一つの系列性を示すという。この場合は，欧米によるテストの系列である。このときには，ネパールやカラコラムの人達は幼児型になる。系列性は人類の生活様式の展開に対応した現象であると考える。その人格はその生活様式に対応したモードをしめす」と述べる。ロールシャッハ・テストを例にして，藤岡は図1-2を示している。また，展開した生活様式に対応したモーダルな人格の展開が生じると考えている

図1-3はバウムテストの例である。

この変化は人格の進化であるという。この考えのもとにあるのはC. ダーウィン（C. Darwin）が『種の起源』で唱えた進化論である。そうして，L. マルグリス（L. Margulis）の考え，細胞共生進化説に共鳴する。核がないと呼ばれる原核生物が原生動物その他の核のあると呼ばれる真核生物の中で共生して生き

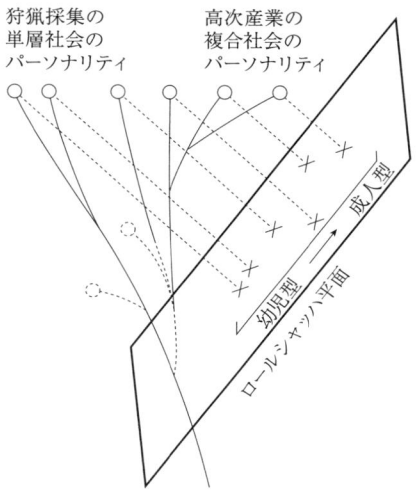

図1-2 ヒトのパーソナリティの進化とロールシャッハ・テスト
　　　　結果との関係（藤岡，1988）

| タンザニアのハッツァのモロギさんのバウム。A4の画用紙の左下にだけ描かれた幼児不定形のバウム。 | ハッツァのフヌキさんのバウム。幼児形の一種で木の形ではあるが一線枝，一線幹である点が注目される。 |

図1-3　藤岡が示した原住民2人のバウム（藤岡，1988）

いそがしい，のんびりのイメージ。田仕事の人は線状の人，寝ている人は身体から直接に棒腕が着いている。　　いそがしい，のんびりのイメージ。棒状の人物ではないが，肩がなくて腕が直接に身体に着いている。

図1-4　大人になっても一線枝描きはなくならない例（藤岡，1988）

ているという。例えば，真核生物の中に原核生物であるミトコンドリアという酸素呼吸のための細胞内器官がある。これはある種の細菌の子孫がいまはミトコンドリアとなってわれわれの身体の中に棲み込んでいるという。このような共生によって，以後の生物進化が経過したとするのが細胞共生進化説である。すなわち，ミトコンドリアは進化して，共生ということで，生きのびている。人の中の腸内細菌叢はそうした経過を経て，人との共存共栄の道を見出した細菌ではないかとする考えがあるという。進化とは，種社会の棲み分けの密度化のことだという認識が大切だという。また，種はお互いの棲み分けによって共存共栄しているという。この考えがパーソナリティの進化に応用される。カラコラムに住む人たちのパーソナリティの現れは，例えば，少し大雑把になるが，一線枝描きがまだわれわれの中にも残っているところなどに見られるという。これは，「いそがしいとのんびり」の絵を描くように求めたとき，たびたび，われわれも，一線枝描きをすることがあることに現れている（図1-4）。パーソナリティの進化は「私達産業社会に生きるパーソナリティの中に，初期に近いパーソナリティを含み，それを統合していると期待できる」と藤岡は述べている。

　パーソナリティの成熟に対する反対の言葉はパーソナリティの未熟になろうが，ここでは，パーソナリティの病として少し考えておきたい。パーソナリティの病で，一番問題になるのはやはり精神病であろう。これが問題になるのは，

神経症とは違って，パーソナリティが崩壊するおそれがあることである。ここに精神病と神経症との違いがあり，また，この違いを学ぶことが大切なこととなる。一般には，このクライエントの病態水準はどうかという問いに還元されるといえる。病態水準はプレエディパルかエディパルか（二者関係か三者関係か）どうかと深い関係があり，次々と問題が先送りされていくようだが，これに関しては第2章のS. フロイト（S. Freud）のところで，触れたい。

　心理臨床に携わるものにとって重要なことは，クライエントが神経症か精神病かの判断である。この区別は大切であるが，この境界が現代では曖昧になりつつあり，区別は難しくなりつつある。これは精神病の軽症化がいわれ，精神病の典型が少なくなってきていることや，境界例の増加などのためである。ここで，古典的なものになっているが，基本的な考えとして，問題行動が，外因性か，心因性か，内因性か，を問うことの重要性を強調しておきたい。外因性は問題の原因が器質や外部からあるいは，外部にあると推測される場合であり，心因性は問題の原因が心や環境など心的なものと考えられる場合であり，内因性は問題の原因が心因とも器質とも限定できず，どちらでもあるような場合である。原因をこの3つの視点から考えることは必要であり，大事だと思う。

3　パーソナリティの理解

　パーソナリティの理解に用いられる主なものは心理検査であろうが，この点に関しては第6章で「心理検査」として述べられる。ここでは，パーソナリティの理解に関しての一般的なことだけを述べたい。
　パーソナリティの理解に一番大事なことは観察である。心理学では観察が基本であるといえよう。観察をいかにするかに関していろいろな工夫がなされている。表1-2はその方法をまとめたものである。
　単に観察というと主観的であると批判されることが多い。これを補うために，表1-2は工夫されているのである。たしかに，客観的であることは大事であるが，心理学においてはたしてそれだけで十分であろうか。心をテーマとしている心理学は客観的だけで済むものだろうか。むしろ心を扱う心理学だからこそ主観性も大事となるのではではないだろうか。1人の主観を研ぎ澄ませてい

表 1-2 観察の工夫——観察法

	自然的観察法	
	日誌法	逸話記録法
概要	子どもの行動の日誌型の記述	行動の偶発的発生の観察
長所	1. 行動や人格特性の縦断的発達を理解できる。 2. 多様な行動面を十分に描くことができる。 3. 人間発達の仮説をもたらす。	1. 比較的簡単に行える。時間や特別な設定・装置がいらない。 2. 複雑な行動の全範囲を豊かにとらえられる。 3. 自然状況の中の行動が研究できる。 4. 記録はいつでも何度でも見ることができる。 5. 行動の意味や発達の仮説を生み出せる。
短所	1. 一般性に欠ける。多くは高学歴の，子どもに関心をもつ大人によって書かれており，一般の人を必ずしも代表していない。 2. 観察の偏りが生じやすい。観察者は訓練されておらず，また特に，対象が自分の子であるための主観的な偏りが生じる。 3. 客観的事実と解釈が混同しやすい。 4. 大変時間を要する。	1. 記録される逸話の選択に偏りが生じる。 2. 観察に時間がかかる。 3. データを量化するのが難しい。 4. 信頼性，妥当性を保証するのが難しい。
実施上の留意点	1. 理想的には，毎日記録されるとよい。 2. 記録はできるだけ多く，くわしく。 3. できるだけ，事実と解釈を分ける。 4. できるだけ早く書きとめる。	1. 逸話の生起後できるだけ早く正確に書きとめる。 2. 特に逸話の中心になる人物の言動をしっかり把握する。 3. 設定やその時刻，活動従事の時間を記録する。 4. 周囲の人物の反応も記録する。 5. 言葉は可能な限り，そのまま記録する。 6. 時間的流れをそのまま記録する。

(Slee, 1987を一部修正した中澤, 1990を一部修正)

観察法		
実験的観察法		
事象見本法	時間見本法	評定尺度法
特定の行為の過程の観察	行動の流れを時間間隔で分け, 特定の行動の有無や, 頻度を観察	観察した行動の程度や印象を数値的に評価
1. 観察される状況や行動の統合性や文脈を維持できる。 2. 対象とする事象行動が明確であり, その生起要因や経過がくわしく把握できる。 3. あまり頻繁に生じない行動や頻繁に生じる行動のいずれにも使える。	1. 効率的で時間が節約できる。 2. 同時並行的に複数の人物の行動を記録できる。 3. 発声や凝視のような非連続的な行動の測定に使える。 4. 頻度や生起を含む行動の多様な側面の研究や系列分析に役立つ。	1. 効率的で時間が節約できる。 2. 構成が容易で実施が簡単。 3. 応用可能性が広い。 4. あまり訓練されていない人でもできる。 5. 量化されにくい領域の行動に適している。
1. 対象とする事象が生起するまで待たねばならず, 時間的な無駄が多い。 2. 対象とする事象が生起しやすい設定や場面, 時刻を十分把握しておかないと適切な観察ができない。	1. まれにしか出現しない行動の分析には不向き。 2. 行動の流れを人工的な任意の時間間隔で分割してしまう。 3. 観察単位中の行動の有無のみを見ると, 必ずしも真の頻度を反映しない。	1. 構成や実施が容易なため, しばしば無差別に使われる。 2. 観察者の心理的要因による偏りのエラーを免れないため, 信頼性が失われる可能性がある。

1. 対象とする事象を十分に定義する。
2. 対象の行動を観察する最もよい設定, 場面, 時刻を考える。
3. テープレコーダー, ビデオや記録用紙による記録法を決定する。
4. 分析のために, 以下のような情報が記録されねばならない。
  1. 事象の持続時間
  2. 内容：何を, 誰に言ったり行ったか
  3. 設定：どこで事象が起こったか
  4. 結果：どうなり, また次に何が生じたか
	1. かなり頻繁に生じる行動に適している。
	2. 明確に同定可能な行動に適している。
	3. 対象となる行動を十分に定義しなければならない。
	4. サンプリングの時間間隔は, 目的に応じて配慮が必要。頻度をとるなら十分でしかも短い時間間隔を選ぶ。
		1. 評定次元を定義する。
		2. 尺度の段階を決める。多くとも10段階まで。
		3. 各段階の定義を考える。

くと，それは一個人のものだけではなく，一般的にも通じるものとなるのではないだろうか。

　ここで問題になっていることは主観と客観ということであろう。以前に，この点に関して話し合うなかで，「主観的客観性」という言葉をつくり出した。この言葉の意味は主観の中にも客観性はあるはずだから，主観を大事にし，その中の客観性にも注目するということであった。言葉としては矛盾しているが，そのとき，われわれが話し合い，何を目指そうとしていたのかをよく表している言葉として満足したものである。読者の方はどう考えられるであろうか。

　心理学において，パーソナリティの理解で大切なことは心理検査であろう。心理検査には大きく分けて，パーソナリティの要素として，知能面と情緒面の2側面を考えている。心理学は，この心理検査の発展と深く関係しながら発展してきていると思われる。

　知能検査としては鈴木ビネーや京大NXなどが有名である。情緒面をアセスメント（いまの心理臨床では査定と一般的にいわれている）する検査としては投影法（投映法）のロールシャッハ・テストやTATなどが代表的なものである。また，質問紙法としてはYG性格検査やMMPIなどが有名である。

　心理検査を実施するときは心理テストをどのように組み合わせるかのテスト・バッテリーが大切である。われわれはこのような検査の結果を被検者にどのように報告するかが大きな，重要な問題となっている。被検者の人権をどのように守っていくかが問われているのである。倫理問題も重要な問題として，考えていかなければならない。

〔参考文献〕

　◇　P. カーター（犬飼和雄訳）『果てしなき戦い』ぬぷん児童図書出版, 1977
　◇　藤岡喜愛「ミミの姿をめぐる試論――オーストラリアのロックペインティングから」衣笠茂編『歴史と伝承――もうひとつの視角』ミネルヴァ書房, pp. 128-151, 1988
　◇　堀尾輝久「人間の正体への問い」飯田真・笠原嘉・河合隼雄・佐治守夫・中井久夫編『パーソナリティ』精神の科学2, 月報, 岩波書店, 1983
　◇　E. クレッチメル（相場均訳）『体格と性格――体質の問題および気質の学説によせる研究』文光堂, 1960

◇　中澤潤「行動観察」安香宏責任編集『性格の理解』性格心理学新講座 4，金子書房，pp. 89-104, 1990
◇　岡田康伸『箱庭療法の基礎』誠信書房，1984
◇　岡田康伸「個別理論（7）——トランスパーソナル心理学」河合隼雄監修，山中康裕・森野礼一・村山正治編『原理・理論』臨床心理学 1，創元社，pp. 199-212, 1995
◇　佐治守夫「概説」飯田真・笠原嘉・河合隼雄・佐治守夫・中井久夫編『パーソナリティ』精神の科学 2，岩波書店，pp. 1-51, 1983
◇　佐野洋子『わたしが妹だったとき』偕成社，1982
◇　関根康正「原風景試論——原風景と生活空間の創造に関する一考察」『季刊人類学』13(1), 164-191, 1982
◇　I. ボーゲル（掛川恭子訳）『ふたりのひみつ』あかね書房，1977

——岡田康伸

第 2 章　パーソナリティ理論

　パーソナリティ理論とは，パーソナリティをどのように考えるかをまとめたものである。例えば，心理検査の結果をどのように解釈するかを考えるとき，その裏づけとしてパーソナリティ理論が必要である。また，パーソナリティ理論は心理検査の結果などによって，修正されていくものである。心理療法を行うときにも，同じことがいえる。すなわち，心理療法を行うとき，何らかのパーソナリティ理論の裏づけを必要とし，それに基づいて実践を行う。また，実践から得られた体験や事実に基づいて，その理論を修正し，パーソナリティ理論ができあがってくる。心理療法に携わる者は自分自身の体験を加味して，パーソナリティ理論をつくっていこうとすることが大切である。

　本章では，類型論と特性論と深層心理学とC. R. ロジャーズ（C. R. Rogers）の自己論などの概略を述べたい。深層心理学とロジャーズの自己論は心理療法の治療論でもあるが，パーソナリティをどのように考えているか，人間の営みをどのように考えているかなどがよくうかがえると思う。また，この2つがまず学ばれるべきパーソナリティ理論と考えている。

1　類　型　論

　類型論（typology）は，典型を通して代表されることをもとに，パーソナリティをタイプ分けしたものである。ギリシャ時代にヒポクラテス（Hippocrates）によって考えられたのが最初と考えられている。彼は体液によって，気

表2-1 ヒポクラテスによる4種の体液

体液	気質	性格	自然の元素
黄色胆汁	胆汁質	怒りっぽい 短気	火
黒色胆汁	憂うつ質	憂うつ	地
粘液	粘液質	活気がない 無感動	水
血液	多血質	快活・活動的 楽天的	空気

表2-2 クレッチマーの体格と性格

体格	気質	性格
やせ型（細長型）	分裂病気質	非社交的, 無関心 用心深い
肥満型	躁うつ性気質	社交的, 親切, ユーモア
闘士型	てんかん気質	粘り強い, 粘着 怒りっぽい

質と性格が異なると考えた。この考えは空想的であり，科学的な裏づけがないが，経験的に一部納得できるところもあるので，参考のために，その考えを挙げておく。ヒポクラテスの考えは体液説と呼ばれている。

◆ 体液説

ヒポクラテスは，4種の体液を考え，それに対応するものとして，4種の気質を考え，それらに対応する性格特徴を挙げた。表2-1はそれをまとめたものである。

なおこれらに上から火，地，水，空気を対応させている。

◆ クレッチマーの説

E. クレッチマー（E. Kretschmer）は類型の考えに臨床的経験を加味して，『体格と性格』（Kretschmer, 1921）にまとめた。すなわち，精神病者の体格とその人の病気に関連がありそうだと考え，3つの体格と3つの病気を対応させた。それらをまとめたものが表2-2である。

体格の分類に身長と体重と胸囲を調べ，実際にどれぐらいの割合で，例えば，

表2-3 シェルドンの体質論

身体	気質
内胚葉型 (消化器内臓の発達)	内臓緊張型 (享楽, 愛情, 依存)
中胚葉型 (筋肉や骨がよく発達, がっちりと引き締まった)	身体緊張型 (自己主張, 精力的, 直接的)
外胚葉型 (感覚器官や神経組織が発達)	神経緊張型 (抑制的, 積極的に対人関係に入れない)

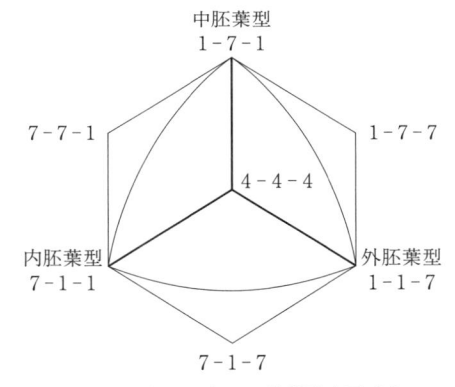

図2-1 シェルドンの体質論を図式化

「分裂病」(統合失調症) の人がやせ型であるかを調べたりして, 統計的裏づけを試みた。相当, 当てはまるが, もちろん分裂病の人にも肥満型の人はいるし, あくまでも1つの見方であろう。これをさらに厳密にしたのがW. H. シェルドン (W. H. Sheldon) である。

◆ シェルドンの体質心理学

　シェルドンは身体各部位をより厳密に, すなわち7件法で測定し, どの部位が発達しているかによって, 内胚葉型, 中胚葉型, 外胚葉型の3つに分類した。表示としては, 例えば内胚葉型は7-1-1であり, 中胚葉型は1-7-1であり, 外胚葉型は1-1-7とした。これらと体格との関係を考え合わせると, 表2-3および図2-1のようにまとめられよう。

◆ ユングのタイプ

　C. G. ユング（C. G. Jung）は，人間のタイプを関心が向かう方向によって，内向-外向に分けた。すなわち，関心が外に向かうときを外向といい，関心が内に向かうときを内向という。外向（extroversion）は関心が外界に向かい，外界の物事や人に積極的に関心をもち，集団に溶け込む。現実的で，社交的で，世話好きで，陽気な特徴をもつ。一方，内向（introversion）は関心が自分自身の内界に向かい，主観的な行動を尊び，外界に消極的な関心しかもたず，非社交的で，引っ込み思案などの特徴をもつ。

　機能によって，ユングは思考，感情，感覚，直観の4つを考えた。図2-2は4つの関係を示している。

　図2-2の思考-感情の軸は判断を示しており，合理的機能の軸と呼ばれている。また，感覚-直観の軸は受容的なので，非合理的機能の軸と呼ばれている。ユングはこれ以上の機能があるのなら，提案してほしいとさえいっているという。思考タイプは知的判断や概念的つながりなどを大切に判断するタイプであり，感情タイプは好き-嫌いや快-不快などによって判断するタイプで，主観的経験で価値づけるタイプである。感覚タイプは感覚器官を通して現実把握をするタイプで，直観タイプは物事の現実属性よりもその背後にある可能性をとらえるタイプである。

　これと内向-外向との組み合わせによって，8つのタイプがあることになる。すなわち，外向思考タイプ，内向思考タイプ，外向感情タイプ，内向感情タイプ，外向感覚タイプ，内向感覚タイプ，外向直観タイプ，内向直観タイプである。外向思考タイプの例としてはC. ダーウィン（C. Darwin）が挙げられる。また，内向思考タイプにはI. カント（I. Kant）が挙げられる。外向感情タイプの例は『風と共に去りぬ』の主人公オハラが挙げられ，内向感情タイプには『ロミオとジュリエット』のジュリエットが挙げられる。外向感覚タイプはデータを重視する野村克也元監督が考えられ，内向感覚タイプはシューレアリズムの画家たちが挙げられる。また，外向直観タイプは長嶋茂雄元監督が挙げられ，内向直観タイプはセラピストに多いであろう。

　最後に，E. シュプランガー（E. Spranger）は価値志向的な経験のあり方によって生活領域を分け，理論人や経済人や審美人や権力人などに分けたことをつ

```
            思考
             |
             |
 感覚 ————————+———————— 直観
             |
             |
            感情
```

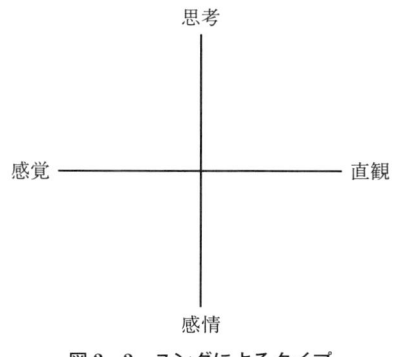

図 2-2 ユングによるタイプ

け加えておく。
◆ 特 性 論
　類型論とは違うが特性論をこの節に入れておく。
　特性論は R. B. キャッテル（R. B. Cattell）の性格因子や H. J. アイゼンク（H. J. Eysenck）の性格 3 次元など，性格検査の因子との関係から人間の性格を説明しようとした考えである。例えば，アイゼンクは外向 – 内向の軸と神経質傾向と精神異常の 3 軸をもとに，人格が示せると考える。これは一見明確で，わかりよいが，検査結果に基づくもので，実証的に見えて，「検査結果がこうだから，あなたの性格はこうです」といっているようなもので，主客転倒であると思う。

2　精神分析理論

　ここでは，S. フロイト（S. Freud）とユングと A. アドラー（A. Adler）の考えなどを概観しておく。精神分析という用語は広義にはフロイトやユングやアドラーなどの人たちの考えを示しており，また，深層心理学と呼ばれることもある。精神分析は狭義にはフロイトの学派の人たちを示している。ユング派は分析心理学と呼ばれる。
◆ フロイト
　フロイトは臨床経験から，無意識が心理的な問題行動を起こすもとにあると

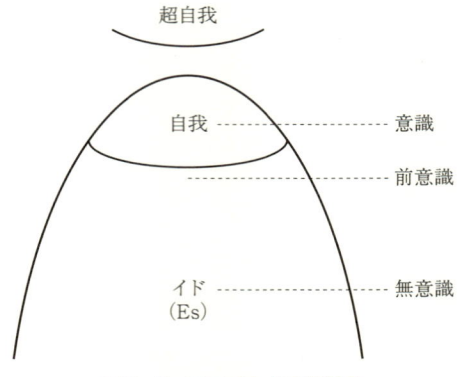

```
            超自我

          ┌─────┐
         │  自我  │ ------ 意識
          └─────┘ ------ 前意識


           イド    ------ 無意識
          (Es)
```

図2-3 フロイトの心的装置

考えた。ユングとの比較では，フロイトは神経症レベルの臨床経験から，ユングは精神病レベルの臨床経験から考えたので，考えに違いが生じたという人もいる。フロイトが心理的問題行動に無意識を導入したのは画期的なものであった。この考えのもとはP. ジャネ（P. Janet）やJ. M. シャルコー（J. M. Charcot）などのそれ以前からの考えがあってのことであったが，やはりフロイトの貢献である。

フロイト（1856-1939）は83年の生涯で，ナチから逃れて滞在していたロンドンで死去した。彼はユダヤ人としてオーストリア（チェコ）で生まれた。義兄の2人も入れると9人の兄弟と妹の中で育ち，ウィーンに住む。1876年に，生理学教室で神経学を専攻する医師であったが，シャルコーの催眠術に関心をもち，心理学への興味を示していった。1900年に『夢の判断』を書き，以後多数の著書を書いた。1910年に国際精神分析学会を設立するが，彼はユダヤ人のため，会長はユングに譲っている。1911～13年に，アドラーやユングと別れている。

(1) 心的装置　フロイトは心的装置として，図2-3のように考えている。意識と無意識の間に前意識を考えているのも特徴であろう。

イド（id; Es）は生物的なもので，本能的，不合理なものである。原始的な衝動に支配されている。快を求め，不快を避ける快楽原理に従っているという。その場しのぎ的であり，外界を無視して行動を促しているといえる。これが自

我（ego）と超自我（superego）の母胎にもなっている。また，抑圧された記憶があるところともいえ，エネルギーの供給源でもある。

自我は本能的なものを外界の現実や良心の統制に従わせる。合理的で，意識的である。イドと超自我との間で，外的な現実感を働かせるものである。イドと超自我に仕えるものともいえる。イドを満足させ，超自我にも抵触しないようにする調整役である。現実原則に従い，現実吟味として，現実認識（reality testing）と統合と執行の三役を行っている。

超自我は自我が形成された後に，あるいは自我形成と並行して，両親のしつけや社会の要求を自分の中に取り入れ，内在化することによって，形成される。価値体系の形成であり，理想や完全を求める。反省や批判などもここから出てくることになる。また，恥や怖れや罪責感なども出てくることになる。イドを禁止し，自我を道徳的にさせる。検閲を行う心の部分といえる。

イドと自我と超自我の関係は，次のような例で示されることが多い。すなわち，空腹のとき，リンゴを果物屋さんで見たとき，イドは直接的にそのおいしそうなリンゴをとって「食べよ」と欲求を貫くことを求める。これに対して，超自我は黙ってとって食べるのは，盗みであり，とってはならないと禁止する。自我はここで，両者の調整をして，お金を出してリンゴを買って食べる道を示唆するのである。

(2) **小児性欲の発達過程**　フロイトはリビドー（生の本能エネルギー）がある対象に注がれ，蓄積されるという。そのリビドーがどこに注がれるかによって，5段階を考えた。この段階を概観しておく。

❶　口　唇　期

口唇期（oral phase）は0〜1歳半ぐらいを指し，リビドーは口に注がれるという。乳房を吸うことが大切で，乳を口から取り入れることであり，取り込むことが重要である。口唇感覚の刺激を求めて，乳首に吸いつき，吸いつくと温かい乳が出てくるので，飲み込み，内臓に入ると全身に快い刺激があると考えている。口唇期への固着は口唇期性格といわれる。この性格は受容的，依存的，他人に甘えがち，などである。また，口唇サディズムはものを嚙むことによって，快感を感じることといい，攻撃的であるという。

❷ 肛門期

肛門期 (anal phase) は8カ月～3, 4歳ぐらいを指し, リビドーは肛門に注がれるという。括約筋を支配する神経の発達と呼応し, 大便と小便を保持し, 排泄することをコントロールする。すなわち, 自律が生じ, そこから反抗も起こってくる。ここに, しつけの問題も生じ, 親との相互関係が起こっている。快感の中心が肛門粘膜にある。肛門期性格としては肛門期への固着があり, 規則的, 倹約的, 強情, わがまま, 反抗的などが挙げられる。

❸ 男根期（エディプス期）

男根期 (phallic phase) は3, 4～6, 7歳ぐらいを指し, リビドーは自分の性器に注がれる。エディプス期 (eodipal phase) ともいう。男女の分化が起こる。好奇心が旺盛で, 異性の存在を知るといえる。男根期の性格は, 気の小さい, 脅えやすいなどが挙げられる。また, エディプス・コンプレックスが大きなテーマとして挙げられる。これはコラム2-1にあるように, ギリシャ神話のエディプス王の物語からきている。ここでは三者関係が生じており, それまでの二者関係から, 質的に大きな変化が起こっていることを知っておくことが大切である。

❹ 潜在期

潜在期 (latency phase) は6, 7～12歳ぐらいを指し, リビドーは抑圧されているという。学童期にあたり, 勉強をし, スポーツや文化的なものに関心がいっているときになる。

❺ 性器期

性器期 (genital phase) は12歳以上になり, 思春期に入っていく。対象は他人になり, 大人へと成長していく。

(3) **特　徴**　特徴を箇条書き的に示していく。

① フロイトの関心は治療を契機に始まっており, 人間に, さらに文化へと関心が広がっていった。
② 治療をするときに心を理解するのに無意識が役立つと主張した。
③ 心的決定論的立場であり, 因果律を重視した。
④ 性的衝動を重視した。
⑤ 心的力動的な考えであり, お互いに影響し合っていることを主張し, ま

> 【コラム2-1● エディプス・コンプレックスとエレクトラ・コンプレックス】
>
> 　エディプス・コンプレックスは，ギリシャ神話の次のような話からきている。エディプスはテーバイの国王ライオスと王妃イオカステの息子として生まれた。ライオスは神託によって，息子が成長すると，その子によって，自分の命が奪われることになるだろうことを知る。息子を殺そうとするが，イオカステが助ける。エディプスは隣国コリントスの王コリントの息子として育てられる。エディプスはコリント王が実父でないとほのめかされて，事実を確かめようとアポロンの神託を受けに出かける。ここで，実父を殺すと言われ，コリントスへは帰れないと思い，旅立つ。途中，老人と会い，ささいなことから争い，その老人を殺すが，その老人がライオスであった。テーバイの都に入り，スフィンクスの謎を解き，テーバイの王になる。
>
> 　その後，イオカステと結婚する。神託通り実父を殺し，母と結婚したことになる。イオカステは自殺し，エディプスは目をつぶして，放浪した。ここから，息子の母への愛着と父への敵意を示すものとして，エディプス・コンプレックスといわれている。
>
> 　エレクトラ・コンプレックスは最初は母親に愛着しているが，5～6歳頃から，娘が父親に愛の対象を移すことから，やはり，ギリシャ神話の次の話から，この三者の関係を示す言葉となっている。トロイア戦争のとき，アガメムノンの留守中に，妻クリュタイメーストラーは不義を行い，アイギストスと通じる。凱旋したアガメムノンは2人に殺される。その娘エレクトラを貧農に預け，その弟オレステスを殺そうとするが，逆に2人で，父の敵を討つ。この話から，娘は父親とくっつき，母を敵にするという三者関係をエレクトラ・コンプレックスという。

た，エネルギー論者でもある。

(4) その他　その他フロイトの考えを考えるうえで，重要な用語をいくつか挙げておく。

① 固着——リビドーが5段階のどこかに固着して，そこからの発展がないこと。その段階の性格が顕著に出てきて，発展性が損なわれるおそれがある。

② 自由連想——クライエントは寝椅子に寝て，セラピストは隠れ蓑といって，クライエントから見えない位置におり，クライエントには思いつくことを自由に話すことを求めた。

③ 原光景——両親の性交を見たという思い。実際に見たかどうか，想像かなどの問題はあろう。

フロイトの功績は無意識を心理治療に使い始めたことであろう。

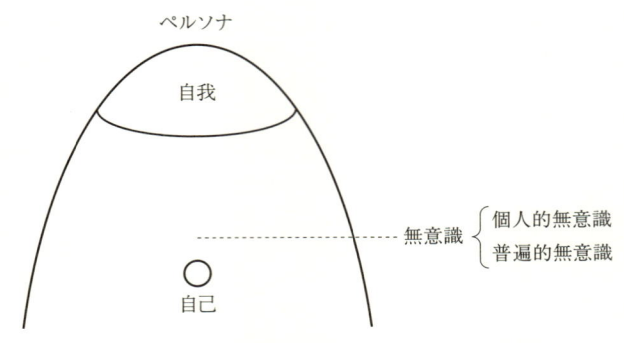

```
                    ペルソナ
                 ┌─────────┐
                 │   自我   │
                ╱ ╲_____╱ ╲
               ╱               ╲
              ╱                  ╲
             ╱                    ╲
            │ ·········        ┌ 個人的無意識
            │      ○     無意識 ┤
            │     自己         └ 普遍的無意識
```

図 2-4 ユングによるパーソナリティの構造

◆ ユ ン グ

ユングは 1875 年に生まれ，1961 年に死去した。86 歳であった。フロイトの共同研究者として，行動をともにしていたが，考えの違いによって別れた。哲学や宗教や神話学などにも影響を与えた心理学者で，精神医学者であった。スイス生まれで，はじめは E. ブロイラー（E. Bleuler）に師事し，1906 年にはフロイトとともにし，1910 年に国際精神分析学会の初代会長に就任した。1913 年にはフロイトと別れた。ユング派の考えを分析心理学（analytical psychology）という。

(1) パーソナリティの構造　　パーソナリティの構造をユングは図 2-4 のように考えている。

個人のパーソナリティの外側に，ペルソナを仮定する。また，意識の中心は自我で，無意識と意識とを含んだ中心に自己を仮定している。フロイトと違って，ユングは無意識を個人的無意識と普遍的無意識の 2 つに分ける。ペルソナはくわしくは後述するとして，ここでは外側にあり，社会の習慣や伝統に順応するために働くものとしておく。自我は意識的なものの中心で，意識的な認知や記憶や思考や感情などを司る。個人的無意識（personal unconscious）は抑圧されたり，忘れられたり，無視されたりなどして無意識になったもので，コンプレックスを形成することがある。普遍的（集合的とも呼ばれる）無意識（collective unconscious）とは人間が遠い祖先の時代から受け継いでいるものである。神話や昔話や宗教などのテーマにもなっている。また，時代や，地域を超えて

同じテーマが存在することは，これが人類に共通したものであり，普遍的なものであることを示している。

(2) ユングの大切な概念

❶ ペルソナ

ペルソナ（persona）とは古代の俳優が演じる役割を表すためにかぶった仮面を指す。ここからその役になりきって演じることをもとに，社会からの要求である役割に合わせていくことをペルソナという。私たちは自分にぴったり合っていると思って行動を選択するが，それは社会からの要求でもある。ペルソナは対人関係をなめらかにするが，あまりに合わせすぎると「ことなかれ主義」になり，逆に合わせないと「やりにくい人」といわれる。ペルソナはうまくその状況に合わせていかなければならない，欠くことはできないものである。例えば，結婚していて，子どもがいるある男性は，会社に勤めているときはそこの社員としてのペルソナをもって，行動している。家に帰ると，子どもに対しては父親としてのペルソナが，また，妻に対しては夫としての行動が求められ，夫としてのペルソナをもって，動いている。

❷ 影

影（shadow）は自分の内にある劣等的な面である。原始的で，制御されていない，動物的な部分であり，本能的である。抑圧されており，自分が知りたいとは思わないものである。嫌っている人との関係に出やすいといわれている。個人的影と普遍的影が考えられる。小説『ジキル博士とハイド氏』がジキル博士の影としてのハイド氏を示しており，影の関係にある。実際の生活ではこの影とともに生活していかなければならない。意識化すれば，変容の可能性があり，発展性もあり，楽しみな面もあるといえる。

❸ アニマとアニムス

アニマ（anima）は男性の無意識にある女性像であり，そこから無意識にある女性的な面を指すようになった。男性はこの女性像を通して女性の本質へ接近できるという。この女性像は実際の女性との接触を通して形づくられる。特に，母親との関係は大切である。また，母親からの独立とアニマ像とは関係がある。アニマは1人の女性として示され，アニムス（animus）が複数の男性として示されるのと対照的である。アニマは次のような4段階が考えられている。

①生物学的アニマ：ストリッパーに示されるように，肉体的なものへの関心が大きい。②ロマンチックアニマ：小説などに出てくる女性への関心で，ロミオとジュリエットのような関係である。③霊的アニマ：聖母マリアで示される女性像である。④叡智的アニマ：モナリザや菩薩像で示される女性像である。これらのアニマを男性がどれだけ心にもつことができるかが男性の1つの発達である。

　アニムスは女性が無意識にもっている男性像で，そこから女性の中にある男性的要素を指す。男性との接触を通して得られるという。意見をつくり出すもので，「……すべき」ということから，「正しいから」を旗印に，意見を曲げない堅さを伴うことが多く，批判を周囲に向け，頑なな印象を与える。破壊的であり，無差別的である。勇気ある行動もアニムスから生じてくる。

　アニムスも4段階が考えられている。①肉体的アニムス：ターザンに示されるように，肉体を誇示するものである。②行為的アニムス：ロマンチックな男性像で，詩人や小説家など女性があこがれるものである。③言葉的アニムス：言葉を駆使する政治家で示されるという（日本の政治家は除いた方がよい）。インドのネール元首相などが例に挙げられる。④意味的アニムス：ガンジーに示される偉大な男性像である。

❹　太　　母

　グレートマザーといわれ，何もかも包み込むような像である。世界各地に，乳房の大きいお腹の膨らんだ像があるが，これがグレートマザーを示している。はじめに生み出すものともいえよう。

❺　老　賢　者

　個性化の1つの像であり，賢くて，何もかも知り尽くした像である。これに反して，愚老者をも大切にする考えがユング派にはある。

❻　コンステレーション

　布置と訳される。もともと，天文学から来た言葉で，星が「そのように配置されている」ことを示した。星はちりばめられているだけであるが，ある見方をすると，例えば大熊座に見えるといわれている。このようなことから，あることが必然的に起こったように考えられることがある。そのようなときに，コンステレートしていたという。運命と考えてもよいだろうが，運命では，以前

から決まっていたようで，あまりにも縛られてしまうので，布置されているという方が，柔軟性があり，筆者にはぴったりである。心理治療にこの考えをもつとクライエントとの関係が理解しやすいことがある。

❼ 共時性

自然科学では因果関係が大切であるが，人間を対象とする心理療法では，因果関係だけでは説明しきれないことが多い。このとき，原因はわからないが，そのようなことが偶然起こったことを大切にする考えである。

❽ 能動的想像

ユング派ではイメージを拡充することが大切である。拡充法には連想があるが，この能動的想像もその方法の1つである。イメージに出てきたものと会話することで，思わないものが出てくることがある。

以上などが重要な概念である。

(3) ユングの位置づけ　ユングが貢献したことを次の4点にまとめてみた。

① 「あるべきもの」への疑問——ユングは牧師の子として生まれたが，父親がいう神への疑問から始まり，当然とされることにも疑問をもって接することの重要性を教えていると思う。

② 象徴の意味づけの必要を強調した。現代人は体験が物理的なものになっており，象徴性を失ってしまっている。古代人は体験とその意味とが密着に関係しており，象徴性豊かな体験ができていたという。

③ 反対相の統合を主張した。この反体相の大切さはタイプに顕著に示されている。これはマイナスと考えられているものがプラスになるという点で，大切な考えであろう。

④ 意識と無意識の体験の大切さに気づかせた。特にアメリカではベトナム戦争などを通して（兵士のマリファナ吸引），無意識の存在を体験的に知ることが多くなり，無意識を体験することで，ユングの考えの理解が進んだといわれている。

◆ アドラー

アドラー（1870-1937）はウィーン生まれのユダヤ人である。病弱で，弟の誕生とともに長兄の悲嘆（王座転落：いままで一人息子として，かわいがられていたのが，弟の誕生とともに，親の関心は長兄から弟の方に移動してしまうこと）を感じ，

アドラーの理論形成のもとになったといわれている。社交性に富み，1895年に医学部を卒業し，眼科医を志す。1902年にフロイトの研究サークルに入るが，1911年にはフロイトと別れる。個々のパーソナリティの独自性と統合性を強調し，個人心理学（individual psychology）を提唱した。

(1) **パーソナリティの構造**　アドラーの考えの大切なことは「生の様式」を提唱したことである。これは「下から上へ」と「負から正へ」と「劣等感から優越感へ」の追求の力の存在を仮定している。力は目標へ向かう。目標は，①意識されない，未知のもので，すなわち，無意識なものである。目標こそが行動のもとである。目標にその人のパーソナリティの統一性と一貫性がうかがわれる。②目標の立て方に遺伝的なものや過去経験を認めている。各人は環境の中で，その人自身を表現し，個性を示す。これが生の様式であり，態度の集合体である。生の様式は目標に向かう一貫した行動をとる。目標は実在のものというよりも，主観的につくり上げられたものであり，虚構の目標でもある。虚構の目標というのは劣等感を補償するように立てられていたり，優越性の追求のために立てられていたりするからである。

(2) **特徴およびいくつかの概念**

❶ 劣等感と補償（inferiority feelings and compensation）

「発達の不十分なあるいは変則な器官を劣等器官」をいい，このような器官は主観的な劣等感へつながる。そして，これを補償するような働きが起こってくる。成功的補償の例として，吃音であったデモステネスが雄弁家になったことが挙げられる。逆に過補償には威張った小男を挙げる。アドラーによると神経症は権力獲得の手段としての病気への逃避であるという。優越性への失敗であり，一種の脅しでもある。

❷ 優越性の追求（striving for superiority）

人には優越性の追求があり，下から上へ向かう衝動や負から正へ向かう衝動で，征服や安全や増大を追求しているという。また，個人だけでなく人類がそうであるという。

❸ 社会的関心（social interest）

子どもの心理現象の中に愛情の要求を認めることから，他の人との関係が，すなわち，社会への関心へと広がっていく。

【コラム2-2● 新フロイト派】

3人の巨匠後のフロイト派の人々は大勢いる。これらの人たちを新フロイト派としてここではまとめている。ジョーンズ（E. Jones）はフロイトを支えた人といわれており，後では出てこないが，知っておきたい人である。また，S. フェレンツィ（S. Ferenczi），K. アブラハム（K. Abraham），E. H. エリクソン（E. H. Erikson），D. W. ウィニコット（D. W. Winnicott），K. ホーナイ（K. Horney），H. S. サリヴァン（H. S. Sullivan），E. S. フロム（E. S. Fromm），H. A. マレー（H. A. Murray），F. フロム＝ライヒマン（F. Fromm-Reichmann），アンナ・フロイト（A. Freud），M. クライン（M. Klein），さらには J. ラカン（J. Lacan），H. コフート（H. Kohut）などがいる。幾人かの特徴を少し述べておく。基礎ができた人は自分の関心のある人をもっとくわしく調べてほしい。

ホーナイは社会への関心を表に出して，単に個人の間だけにとどまらないことを主張した。そして，個人がいるその文化を考えない限り，正常や異常はないと主張した。また，本人の能力と現実の業績との間の矛盾に問題があるという。さらに，自分の安全を妨害するものはすべて不安といい，基本的不安を主張した。

フロムは個人と社会との関係は常に変化しており，フロイトが考えるような性的なものではないという。性格については社会環境に対してとる態度が固定化して性格になるといい，フロイトと逆の因果関係になる。神経症はエディプス・コンプレックスであるにしても社会のもとで生じることを強調した。動物としての人間と真の人間としての人間の二面性を強調した。

サリヴァンは不安が自我体制を形成するといい，不安を強調するとともに，人間関係を重視した。性格は人間の生活を特色づける周期的な人間関係の比較的永続的なパターンであるといい，さらに，人間関係の行動と社会的相互作用の結果であるという。睡眠や食のような生物的な満足と文化的な親から怒られたくないといった安全的追求を強調した。クライエントとセラピストとの関係など臨床心理学では外からの観察だけでなく，内に入っての観察，すなわち「関与しながらの観察」の大切さも主張した人である。

マレーは要求圧力理論を立て，要求と圧力とテーマの3つが行動を決定すると考え，投影法（投映法）のTATを作った。要求は現存する不満な状況を変えるように，知覚や意欲や行為などをある特定の方向に体制化する力である。圧力は行動を抑制する。利益や損害や家族の不和や貧乏や攻撃や罰などがある。幼児期の経験を重視し，幼児コンプレックスを主張した。

エリクソンは1902年生まれのユダヤ人である。母が離婚し，養父に育てられ，養子コンプレックスをもっていたといわれており，境界人としてのエリクソンであったからこそ，自我同一性の考えを主張したといわれている。エリクソンは相互性を大切にし，対人関係だけでなく，社会関係や歴史事象についても取り上げている。そして，ライフサイクル論を主張し，①基本的信頼と基本的不安，②自律性と恥と疑惑，③積極性と罪悪感，④生産性と劣等感，⑤同一性と同一性拡散，

⑥親密さと孤独，⑦生殖性と停滞，⑧自我の完全性と絶望を示した。

❹　子どものパーソナリティ形成に働く要因

この要因として3つを挙げている。①虚弱や不完全な器官をもつ子は劣等感が強い。しかし，成功の可能性は高い。②厳しすぎたり，無視されたりした子は社会的関心が未発達か反社会的な子になる。③甘やかされた子は社会的関心が未発達か依存的な子になる。

❺　家庭における兄弟の長幼序列を重視した。一人っ子や長子や末っ子などに特徴があるという。

❻　客観的，生物主導であったが，主観的なことの重視へと変化していった。
精神分析の著名な，基本的な3名について述べてきたが，さらに，それ以後の人たちの名前と基本的な概念をコラム2-2に示しておく。

3　ロジャーズ

ロジャーズ（1902-1987）は，アメリカ合衆国のイリノイ州シカゴに6人兄弟の4番目の子として生まれる。ウィスコンシン大学の農学部を卒業し，1924年にはニューヨーク市のユニオン神学校に入学し，臨床心理学に関心をもつ。1928～1940年まで，ロチェスター児童愛護協会のサイコロジストとして働く。伝統的な指示的（directive）な方法や精神分析などに疑問を抱き，非指示的（non-directive）な方法を提唱する。指示しないことが誤解されたために，来談者中心療法を提唱した。個人から社会や集団の大切さを強調し，エンカウンターへと興味を移していった。

◆ パーソナリティ理論

ロジャーズのパーソナリティ理論の特徴は次の5項目に分けられよう。

(1)　**体験の重視**　　体験は有機体を維持し，強化する知覚と強化しない知覚があるが，この2つの評価の過程があり，実現化への働きかけが重要である。客観的な個人の外にある刺激でなく，知覚された現実が大切である。

(2)　**自己の発達**　　自分が存在しているという意識と機能しているという意識を自己意識といい，この意識から自己概念がつくられる。自己概念は自分

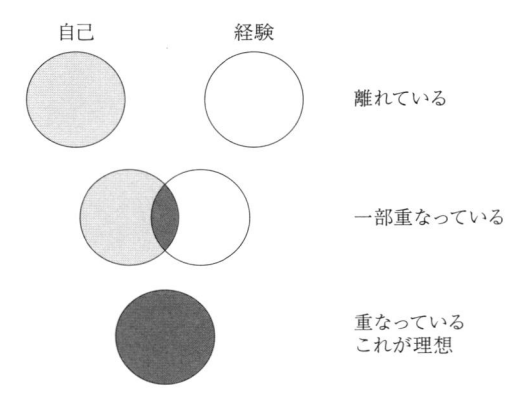

図2-5 ロジャーズによる自己と経験との関係

はこういう人間だという自覚であり，自分の特徴の知覚である。自己概念を理想的自己と現実的自己の2つに分けて考える。

　(3)　**肯定的配慮への要求**　　自己に対して，温かさや好意や同情などの態度が示されることを望むことを肯定的配慮への要求という。このことは子どもが母親の表情を読み取ろうとする事柄にもうかがえる。重要な他者によって，肯定的な配慮が与えられるか否かは感情全般に影響を与えることになる。肯定的配慮が与えられたり，与えられなかったりすると，価値の条件をもつようになり，これが心理的不適応につながるという。

　(4)　**自己と経験の不一致の拡大**　　価値の条件によって，経験が自己に合わないものが出てくる。これが自己と経験の不一致であり，自己に合わないのは無意識化され，ゆがみになる。図2-5は自己と経験の関係を示している。

　(5)　**行動は実現傾向（自己実現）に規制される**　　目指すのは十分に機能している人間（fully functioning person）であり，これが理想的な人間像になる。ユングの個性化と同じであろう。

　ロジャーズが主張した有名なセラピストの3条件は，①共感的理解（empathic understanding），②無条件の肯定的関心（unconditional positive regard），③自己一致（congruency）である。これはぜひ記憶しておいてほしい。

◆ **特徴・業績**

　ロジャーズは心の問題を，①医学・医療モデルから教育・発達モデルに目を

向けさせ，医者から臨床心理家にも関心を抱かせた。②研究は逐語録をもとにし，臨床現場そのものを大切にした。③核問題や戦争問題などに目を向け社会へと関心を広げた。④患者をクライエントに，セラピストをファシリテイターとした。

ロジャーズの考えは A. H. マズロー（A. H. Maslow）に代表されるヒューマニスティック心理学（人間性心理学）へと発展し，第三勢力の流れをつくった（ちなみに第一は行動主義心理学であり，第二は精神分析心理学である）。

4 トランスパーソナル心理学

トランスパーソナル心理学は 1969 年にアメリカで，トランスパーソナル心理学会が設立されたときに始まる。マズローの人間性心理学と S. グロフ（S. Grof）の考えとユング心理学が加味されて成立した。マズローは人間の欲求を6つの階層に分けた。①は生理的欲求であり，②は安全欲求であり，③は所属欲求であり，④は自己評価欲求であり，⑤は自己実現欲求であり，⑥は自己超越欲求である。この最後の欲求こそ人間の最も大切な欲求と考えた。

グロフは最初は LSD によって，ホロトロピック・ブリージングのワークを通じて，超越感を経験させていたが，その麻薬性により LSD が禁止されたことから，過呼吸によってトランス状態にして，超越感を経験させるようになった。そこからの経験から，個人を超えたトランスパーソナルな経験の大切さを主張した。これには K. ウィルバー（K. Wilber）の考えも加味されている。日本では吉福（1987）もこれに賛同している。

終わるに際して，岡田（1995）のトランスパーソナル心理学のまとめを引用する。

「トランスパーソナル心理学を考える時，現代的な時代背景を見逃してはならない。アメリカにおいては，ベトナム戦争を通しての価値観の転換やヒッピーなどの流行が，ビジョン（幻覚）の理解を可能にした。それは，東洋への関心を呼び，禅やヨガなどの東洋宗教への接近となった。……一方，自然科学的な方法論の行き詰まりがある。今は，古いパラダイムから新しいパ

ラダイムを求める時になっている。この動きと呼応しているのが本心理学である。それは分化から統合への転換ともいえよう。

　また，本心理学は，全体性を重視する。部分的に，合理的にだけ考えるのではなく，全体としてどう動くかを考える」

要するに，新しいものを求めている。

〔参考文献〕
◇　H. エレンベルガー（木村敏・中井久夫監訳）『無意識の発見──力動精神医学発達史　上・下』弘文堂，1980
◇　A. ヤッフェ（氏原寛訳）『ユング──そのイメージとことば』誠信書房，1995
◇　E. クレッチメル（相場均訳）『体格と性格──体質の問題および気質の学説による研究』文光堂，1960
◇　岡田康伸「個別理論（7）──トランスパーソナル心理学」河合隼雄監修，山中康裕・森野礼一・村山正治編『原理・理論』臨床心理学 1，創元社，pp. 199–212，1995
◇　C. R. ロージァズ（伊東博編訳）『パースナリティ理論』ロージァズ全集 8，岩崎学術出版社，1967
◇　佐々木承玄『こころの秘密──フロイトの夢と悲しみ』新曜社，2002
◇　吉福伸逸『トランスパーソナルとは何か』春秋社，1987

──岡田康伸

第 3 章　発達とパーソナリティ

　人間はこの世に生を受け，しだいに成長して成人となり，壮年を生き，齢(よわい)を重ねて老い，そして死に至る。このライフサイクルの中で，パーソナリティはいかに形成され，発達していくのであろうか。人間にある程度共通するパーソナリティの発達過程とはどのようなものであろうか。本章では，こうしたテーマについて，現代人の生き方を視野に入れつつ心理臨床学的な視点から解説，論考していくことにする。

1　発達の現代的意義

◆ ライフサイクル

　パーソナリティを発達の側面から理解しようとする場合，現代ではライフサイクルの観点を中心に据えることが多い。これまでの発達心理学は青年期までで終わりであった。それにはいくつかのことが考えられる。まず第1に，心理学が自然科学的な方法論を用いて発展してきたという歴史的経緯が挙げられる。すなわち，人間という存在を客観的に計測可能なものとしてとらえ，取り扱おうとしたために，発達心理学の領域では，身体的能力をはじめとして客観的に計測可能な人間の能力は青年期を過ぎ大人になるとそこで止まり，それ以降は発達することがないと考えられてきたのである。そこでは，人間を「モノ化」するあまり，「心」をどのように考えるのか，そしてこの世に生きる人間存在全体をどのようにとらえるのか，という視点が欠けていた。

こうした心理学界の状況に対し，医学の分野を瞥見すると，近代医学は同じく自然科学的な方法論でもって著しい発展を遂げ，そのおかげで現代では平均寿命は80歳を超え，人間はより長い人生を生きることが可能になった。また，低体重児の出産・成育も可能となり，不妊治療も一般的になりつつある。

これらは喜ばしいことではあるのだが，皮肉なことに，それによって周産期をいかに生きるのか，人生後半や終末期をいかに生きるのかが大きな課題となってもきたのである。すなわち，上述したような発達心理学では取り上げられることのなかった人生の課題が，近代医学の発展とともに発達心理学の大きなテーマになったのである。人生の始まりをいかに生きるのか，中年をいかに生きるのか，老いをいかに生きるのか，いかに死んでいくのか，これら現代の重要かつ困難な課題に自然科学的な方法論は答えを与えてはくれない。

人間の一生を1つの過程としてとらえ，そこに特徴的な節目と変化を見ていこうとするライフサイクルの観点が現代において注目されてきたのは，こうした経緯からである。ライフサイクルの観点の導入によって，従来は青年期で終わっていた発達心理学が青年期以降を対象とするようになった。しかし，そのこと自体はさほど重要なことではない。重要なことは，人生後半をいかに生きるのかという，きわめて実際的な人間の心の側からの要請によって，ライフサイクルの観点が心理学に導入されたということである。それは，「モノ化」に対する人間の心の深層からの1つの警告であるということもできる（コラム3-1）。

ライフサイクルという観点から人間のパーソナリティを考える場合，「いかに生きるのか（死ぬか）」というきわめて実際的な問題に直面することになる。すなわち，自然科学的な方法論とは異なる方法論がそこに必要となってくるのである。ライフサイクルは原因‐結果の連鎖の中に位置づけられるものではない。例えば「いかに死ぬのか」という問題に直面する際，そこでは死を人間の心にどう位置づけるかが重大な課題となる。また，自身の人生体験を次世代にいかに継承していくのかが重要な課題となってくる。そしてその過程の中で，われわれは人間存在全体，さらには人生全体に関わることになるのである。ライフサイクルという観点が提唱されたのは1970年代であるが，それからまもなく，A. クラインマン（Kleinman, 1989, 2006）はこうした視座から貴重な論考

【コラム3-1● 身体と心】

　身体と心は切り離して考えられるものではなく，身体は心に影響を与えているし，逆もまたしかりである。日常会話で，「最近ストレスがたまって胃が痛む」などと言ったりすることがあるが，われわれはどこかで心と身体は関連するものであると感じている。しかし，そうであってもやはりわれわれは心よりも身体に比重を置いていることが多い。それは身体の方がより客観的に理解しやすいからであろうか。胃が痛くて受診し，レントゲン写真を見せられ，「ここに潰瘍があります」と説明を受けると，胃の痛みの原因はここにあるとはっきりわかる。そうなると，ストレスにさいなまれた心のことを考えるよりも，服薬したりあるいは手術によって潰瘍をなくすことを考え，実践する。ゆとりのない社会でもある。

　このように考えると，われわれは心という実体のないものよりも身体という実体のある存在により比重を置いてきたということができる。近代科学が対象をモノとして客観的に理解することで発展してきたことからすると，われわれはそうした見方を知らず知らず身に着けてきたのであろう。そうしたことからすると，例えば「心身症」（psychosomatic disease）という疾患の増加は，このような見方に1つの警告を発しているといえるのではないだろうか。心身症は，心と身体は不可分のものであることを語ってくれているように思われる。心と身体をつなぐ領域がある。そして心身症はその領域の病であるといえるように思われるのである。このように見ると，ストレスは心と身体をつなぐ領域の存在を教えてくれているのかもしれない。

を展開している。

　このように見ると，パーソナリティの発達を考えるうえにおいて，現代は価値観の転換が求められている時代であるということができる。そこには既成の道徳観なり価値観なりを超えた新たな世界観が必要になってくる。ライフサイクルの観点が導入された意義はまさにここにある。パーソナリティの発達を単に知的理解にとどめるだけでなく，人生に意味のあることとしてとらえていこうとする姿勢こそが必要なのである。こうした視点から以降にパーソナリティの発達を述べていくことにする。

　ただし，パーソナリティの発達には個人差がある。これは重要なことである。また，パーソナリティは社会的・文化的要因の影響も受ける。本章ではこれらすべてを含めて扱うことはできないので，人間にある程度共通するパーソナリティの発達を，人生前半の自我形成の過程と人生後半の自己実現の過程に分けて，概説的に述べることにする。

2　自我形成の過程

◆乳児期

　人間は，妊娠中の安定した母子一体の状態から，よるべなき無力な存在としてこの世に生まれてくる。そして，誕生後およそ1年間の乳児期において，まず母親ないしは養育者を相手としてこの世界との絆を結び始める。パーソナリティ発達のうえで，この時期最も重要な役割を果たすのは母親ないしは養育者である。簡潔にいうと，子どもは現実の母親との関係を通して，みずからの心の中に母親体験をイメージとして抱くようになる。そして，この内的な母親イメージが子どものパーソナリティの発達にきわめて重大な影響を及ぼすことになる。ここで大切なことは，現実の母親と内的な母親，この両者がともに子どものパーソナリティ形成にとって必要不可欠であるということである。現実の母親についていえば，安定した母子関係が大切であることは専門家ならずとも誰しも認めるところである。そうした関係に支えられて子どもは内的体験を積み重ねていく。この点を精神分析学から主張した1人に，D. W. ウィニコット（Winnicott, 1978）がいる。彼は，子どもの要求に対する母親の適応的態度がパーソナリティの発達に必要不可欠であると強調し，そうした母親を「ほどよい母親」（good enough mother）と呼んで重要視した。

　しかしながら，現実の母子関係というのは複雑かつ微妙なものであり，母親の思いが常に子どもに通じることもなければ，子どもの要求が常に満たされることもない。安定した関係が恒常的に続くわけではないのである（コラム3-2）。この時期の子どもの主要な自己表現である「泣くこと」をとってみても，それに対して常に母親が適切に応えてやれるということはない。また，空腹かと思い授乳しようとしても子どもが泣いて嫌がることだってある。けれども，ウィニコット（Winnicott, 1978）も指摘するように，こうした関係性の中で母親が子どもの世話をし続けることこそが重要なのである。母親が現実に存在し続けることが子どものパーソナリティ形成に欠かせない要因になる。さて，ではこのような母子関係を通して子どもはどのような内的体験をするのであろうか。

　母親との関係を通して子どもが体験する最も大切なことは，「僕はこの世界

> **【コラム3-2● 子 育 て】**
>
> 　現代では多くの母親が子育てに悩んでいる。子どものためを思い，よき母親であろうとしているにもかかわらず，結果的に子どもの成長を阻害している場合がけっして少なくない。極端なことになると，虐待という事態を招く。第9章で詳述するが，現代社会において虐待はきわめて深刻であり，社会問題の1つにもなっている。また，近年は「発達障害」という概念が提唱されている。発達障害自体は大人にも見られるものであるが，そのように呼ばれる子どもも増えてきている。
>
> 　さて，子育てを実際的に考えてみよう。例えば乳児が泣くことに対する母親の対応について考えてみると，あまりに頭で育児をしすぎる場合がある。乳児が空腹なり身体不快感なりで泣こうとする前に，そろそろ授乳の時間，そろそろおむつ交換の時間ということで，さながら育児書通りに母親が対応してしまう。それがたび重なると乳児は泣かなくても済むようになる。そして母親は，「この子は泣かないおとなしくてよい子だ」と思う。しかしそれは大人にとって「よい子」という意味でしかない。乳児にとってみれば，泣くという自己表現の手立てが奪われていることになるのである。では，乳児はどんどん泣かせればよいのかというと，それも極端に過ぎる。難しいところである。しかし，神谷（1980）も指摘するように，育児の主導権はじつは母親ではなく乳児にあることを忘れないようにしたいものである。
>
> 　また，子育ては母親1人の責任であると決めつけることもできない。育児というのは母親だけのものではなく，その母子を取り巻く環境全体がはぐくむものである。あるいは，家族全体のコンステレーションの中で生じていることとして育児をとらえる必要がある。「悪者捜し」をするだけでは事態は好転しない。その意味で家族さらには社会全体の役割は大きく重い。
>
> 　子どものパーソナリティ形成に母親が果たす役割は計りしれないが，その母親を含む家族や社会の果たす役割の大きさも十分に認識しておかなければならない。

に生きていてもいいんだ」という根源的な安心感の感覚である。これをE. H. エリクソン（Erikson, 1951）は「基本的信頼感」（basic trust）の獲得と呼ぶ。エリクソンはライフサイクルの観点から人間の全生涯にわたる発達段階を提唱した最初の人である（図3-1）。彼によれば，乳幼児の心理・社会的危機は「基本的信頼　対　基本的不信」である。母親との体験によって乳児は他者への信頼（不信），外界への信頼（不信）を獲得していく。そしてこのような対立を通して，自我の特質として「希望」が獲得される。もしこの時期に信頼感よりも不信感が極度に強く体験されると，基本的信頼感は欠如する。孤立感，孤独感が

		1	2	3	4	5	6	7	8
老年期	VIII								統合 対 絶望、嫌悪 英知
成人期	VII							生殖性 対 停滞 世話	
前成人期	VI						親密 対 孤立 愛		
青年期	V					同一性 対 同一性混乱 忠誠			
学童期	IV				勤勉性 対 劣等感 適格				
遊戯期	III			自主性 対 罪悪感 目的					
幼児期初期	II		自律性 対 恥、疑惑 意志						
乳児期	I	基本的信頼 対 基本的不信 希望							

図3-1　エリクソンによる心理・社会的危機（Erikson, 1982）

強まり，外界は悪意に満ちて見えるようになり，そしてそれを防衛することで生きていかなければならなくなる。このような精神病理的状態から回復するためには，外界や他者への信頼を再確立するという時間と労力のかかる取り組みが必要になってくる。

　また，S.フロイト（S. Freud）は青年期以前の段階にも性欲があることを主張した。そして当初，その性衝動は他者という対象に向けられるものではなく，自体愛的なものであると結論づけた。この時期は口唇を性感帯として口唇の快感を得ることを目標とするため，彼はこの時期を「口唇期」(oral phase) と名づけた。

　これに対し対象関係論学派は，乳児の性衝動は自体愛的なものではなく，対象を求める動きであると主張する。そして，このような対象関係論学派にあって，この時期がパーソナリティの形成上きわめて重要であることを最初に強調したのは M. クライン（Klein, 1975）である。彼女は「妄想的分裂的態勢」(paranoid-schizoid position) と「抑うつ態勢」(depressive position) という2つの概念

でこの時期の重要性を説く。彼女によれば,乳児は母親に対して愛や憎しみを感じており,本能という生物学的な衝動と結びついた無意識的空想を活発に働かせている。当初乳児は,母親という対象全体と関係をもつのではなく,乳房という部分対象と関係をもつ。そしてそれは,空想の中で,自分を迫害する悪い乳房と自分を保護してくれるよい乳房に分裂(split)している。これが妄想的分裂的態勢の眼目である。このような分裂はきわめて主観的なものである。そしてそれが内的対象を形成するのである。こうして形成された内的対象は現実の母親との関係によってその性質を強める。すなわち,母親に無視される体験は悪い乳房の性質を強め,母親に愛される体験はよい乳房の性質を強めるのである。彼女は,母親に愛される体験を積み重ねることでよい乳房という内的対象を確固たるものにすることが,パーソナリティ形成上きわめて重要であると説くのである。

さらに,生後6カ月頃になると乳児は乳房という部分対象ではなく,母親全体を対象とするようになる。そして,分裂していた内的対象は母親として統合される。母親は自分を愛し保護してくれる存在であるとともに,自分を迫害し苦痛を与える存在であることに乳児は気づく。これが抑うつ態勢の主要点である。したがって乳児は母親に対して両価的な感情を抱くことになる。そして,母親に憎しみの感情を抱くことによって愛する母を失ってしまうという空想を抱く。さらには,自分が憎しみの感情を抱いたことに対して罪悪感を体験する。ここで重要なのが現実の母親の存在である。すなわち,このような内的体験を現実の母親との関係の中で積み重ねることによって,乳児はしだいに空想と現実を区別するようになり,どんなことがあっても現実に母親は自分の前に存在しているのだと確信するようになるのである。そして,安定したよい母親イメージを抱くようになる。この母親イメージを中核として,パーソナリティが形成されることになるのである。以上がクラインの説である。

クラインの説と共通点をもつのがユング派の見解である。ユング派の発達段階論は精神分析学ほどには精緻なものではないが,E. ノイマン(Neumann, 1971)の発達論はよく知られている。それによると,まず「ウロボロス」と呼ぶ,自他がまったく未分化で自体愛的な段階がある。みずからの尾を咬む蛇のイメージである。この段階では自我はまだ無意識に包まれている。それに続い

---【コラム3-3● 奇蹟の人】---

　ヘレン・ケラーの『奇蹟の人』はあまりにも有名である。その「奇蹟」とは家庭教師であるサリヴァン夫人との激しい取り組みの中で，ヘレンが「ウォーター」と言葉を発するあの瞬間であることは誰しも知っている。しかし，サリヴァン夫人が「奇蹟」と呼んだのはわれわれに周知のその瞬間ではなかったと竹内(1983)は指摘する。じつは，サリヴァン夫人の日記には，「奇蹟が起きました」と始まる日があるのである。それは，「ヘレンは今日，初めて私のキスを受け入れてくれました。まだお返しのキスはしてくれませんけれども」といった内容である。三重苦のヘレンが他者を受け入れたときである。そして，そのことがいかに困難な道のりであったかをサリヴァン夫人は理解していた。まさに，それこそが奇蹟なのである。この指摘は，人間に言葉をもたらすものは他者からの強制的な教え込みではなく，それ以前に安定した基本的信頼関係が成立していなければならないことを教えてくれる。

て自我が萌芽し始めると「グレートマザー」の段階がくる。この段階では，まだ弱い自我をはぐくみ育ててくれる肯定的な母親像と，その自我を飲み込んでウロボロスの状態へと引き戻す否定的な母親像という両面性が重要視されている。この点はクラインのいう妄想的分裂態勢と類似するところである。

　以上，乳児期のパーソナリティ形成におけるいくつかの説を概観してきたが，いずれも母親との関係をきわめて重要視している点では共通している。人間に自我が芽生えてくるためには，その根本的基盤として，母親との関係による母子一体感によって得られる基本的安心感を体験することこそが必要不可欠なのである（コラム3-3）。そしてこの体験をもって，子どもは幼児期に入っていく。

◆ 幼児期

　幼児期になると，子どもは外界により積極的に関心を向けるようになる。これまではよるべなき存在として母親の庇護下にあった子どもが，独りで歩けるようになり，そして言葉を話すようになる。まだおぼつかない，たどたどしいものではあるが，それは革命といってもよい大きな変化である。言葉でもって自己表現することがある程度可能になる。みずから関わることのできる環境が広がり，また視野の変化によって外界はこれまでとは異なる様相を見せる。新しい世界が見えてくるといってもよい。子どもは驚きをもってそれらを体験する。

　幼児期のはじめは，こうした体験は現実の母親への具体的回帰に支えられて

いる。おぼつかない足どりの幼児が転ぶ，すると後ろで見守っていた母親のもとへと泣きながら戻っていくという光景はおなじみのものである。まだ母親の直接的な見守りが必要なのである。そうした見守りの中で子どもは，自分がする，できる，できないといった感覚を体験する。このような幼児期初期の心理・社会的危機をエリクソンは「自律性 対 恥，疑惑」と呼び，その対立を通して「意志」が獲得されると説き，フロイトは「肛門期」(anal phase) と名づけた。

またノイマンは幼児期を「天地の分離」の段階と呼ぶ。これまでは意識的世界と無意識的世界は未分化な状態にあった。そのような状態の中で育った自我はこの段階にきて分離を体験する。すなわちそれは，無意識的世界に意識の光がもたらされたことを意味する。意識の誕生の段階である。それまでの周囲に身を委ねてきた楽園状況は終わりを告げる。そして，幼児はこの意識の力によって物事を分離，区別し把握するようになる。また，このような自他の分離というポジティブな体験とともに自我はそのネガティブな面をも体験するようになる。すなわち，分離に伴う孤独であり，苦悩や苦難，悪などの知覚である。そうした両面の体験を経て，自我はさらに自立性を獲得していくのである。

さて，幼児期後半は第一反抗期と一般に呼ばれている時期である。エリクソンの図でいえば「遊戯期」に相当する。子どもは親の言うことを聞かなくなり，自分なりの思いで行動しようとする。フロイトはこの時期を「男根期」(phallic phase) と名づけた。この時期がパーソナリティ形成のうえで根本的に重要であると説くのもフロイトである。

フロイトは，青年期以前の性的衝動も対象に向けられると，これまでの考えを修正し，そして3〜5歳になるとその衝動は母親と父親と自分という三者関係の中で生じてくることを，自己分析を通して主張した。すなわち，幼児は異性の親に対し性的関心，愛着を抱くと同時に，同性の親に対し敵意，憎しみを感じるようになる。そして幼児は，同性の親に処罰されるのではないかという不安，すなわち「去勢不安」(castration anxiety) を生じさせる。こうした葛藤の中で発展するのが「エディプス・コンプレックス」(Oedipus complex) である。そして幼児は，去勢不安のために異性の親への愛着を断念し，同性の親に同一化することによってエディプス・コンプレックスを解消させる。そして，

表 3-1 フロイトによるパーソナリティの局所論 (前田, 1985 より)

領域	内容と機能
イド（エス） (id; Es)	無意識的なものの代表――(a) 幼児期以来，抑圧されたもの（固有の抑圧），(b) 古い祖先の時代から抑圧され受け継がれてきたもの（原始的抑圧）が貯留している領域 (1) 本能エネルギー（リビドー）の貯蔵庫→対象充当 　〈……したい〉，〈……がほしい〉 (2) 一次過程が支配（現実，時間，秩序の影響を受けない） (3) 快感原則が支配（衝動の即座の満足追求）
自我（ego; Ich）	外界とエスを仲介する領域（心の中心部分） (1) 現実原則が支配（知覚機能‐現実吟味） (2) 二次過程が支配（知覚，注意，判断，学習，推理，想像，記憶，言語などの現実的思考） (3) 逆充当（エスの外界への突出の見張り），〈ちょっと待て〉 (4) 不安（現実，エス，超自我からの脅かし‐危険信号）の防衛，処理 (5) 統合機能（適応機能――パーソナリティの統合）
超自我（superego; Überich）	幼少期の両親のしつけの内在化されてできた領域 (1) 良心の禁止〈……してはならない〉 (2) 理想の追求〈……であれ〉，〈……しなくてはならぬ〉

このような動きの中で「超自我」(superego) が形成されていくことになる。ここで，フロイトによるパーソナリティの局所論的見地を表 3-1 にまとめておくことにする。

このように，エディプス・コンプレックスは母親，父親，そして子どもという三者の葛藤を内容としている。ここで，この概念があくまで西洋におけるものであることを認識しておくことは大切である。すなわち，この概念が日本人のパーソナリティの発達にあてはまるのかどうかについては慎重に考えなければならない。日本が母性社会であることは河合 (1976) のつとに強調するところであるが，それに従えば，例えば父性の弱い日本社会において，フロイトのいうような父親に対する憎しみの感情がこの時期に存在するのかどうか，などといった点での検討が必要になってくるであろう。

以上，幼児期に関して述べてきたが，やはりまだ母親の存在は子どものパーソナリティ形成に影響を及ぼしている。しかし，自我の成長とともに子どもは徐々に母親から離れて自立へと歩み始める。このとき，乳児期でも述べたよう

に，母親イメージが子どもの心に安定して内在化されていなければならない。子どもは現実に母親がそばにいなくとも，この母親イメージをもって外界へと踏み出していくことができる。ウィニコット（Winnicott, 1965）は，母親イメージが内在化される前段階に，乳児期から子どもはしばしば柔らかい肌触りのタオルや人形をもって離さないことに注目し，それは現実の母親から母親イメージへと移行する段階に過渡的に子どもが愛着を示す物であるとして，それを「移行対象」（transitional object）と呼んだ。

さて，この時期の養育者の態度として大切なことは，子どもの行動をあまり規制することなく，身体的危険のない範囲でできるだけ多くのことを体験させることである。神谷（1974）が述べているように，この時期は外面的な見え方よりもパーソナリティ形成が内的に遂げられていることが大切なのである。そして子どもは，多くの体験の中で自分以外の子ども（仲間）と関わりたいという強い欲求を抱くようになる。この欲求の目覚めをもって幼児期は終わり，児童期の段階に入っていく。

◆ 児 童 期

ほぼ小学校時代がこの時期である。エリクソンの図式でいえば「学童期」に相当し，フロイトはこの時期を「潜在期」（latency phase）と名づけた。この時期，子どもは，母親の直接的な見守りから離れてかなり長い時間を学校で過ごすようになる。そして，これまでのものの考え方や行動の拠り所が親であったのが，しだいに仲間集団（peer group）に移行するようになる。そして仲間との関わりを通して自我が成長し，社会性が発展していく。子どもは，大人の指示なり規制の中で過ごすことや，玩具に囲まれた環境には満足できずに，仲間との絆を深め，その中で行動しようとする。「ギャング・エイジ」（gang age）と呼ばれる時代である。また，子どもによっては，現実の仲間ではなく空想上の人物を相手としてこの時期を過ごすこともある。いずれにせよ，仲間のパーソナリティとの関わりを通して，社会で生きていくために必要な競争や妥協といった仕事をなしていく。しかし，H. S. サリヴァン（Sullivan, 1940）によれば，この時期，子どものパーソナリティはまだ自己中心的であり，子どもは何より自分が一番大切で重要であると思っている。このような段階はこの時期の前半，10歳頃まで続く。

この時期，パーソナリティ発達の舞台となるのは主に学校である。したがって，その学校で子どもと関わる教師の役割は大きい。教師によって子どものパーソナリティ発達が好影響を受けることもあれば，悪影響を受けることもある。

そして，児童期の後半になると「英雄の誕生」とノイマンが呼んだ画期的な段階が訪れる。すなわち，無意識から分離した意識と自我が自立性を獲得し，人格化されるようになるのである。そして，自我の確立という青年期の課題に立ち向かっていくことになる。

また，この時期がパーソナリティの発達にとってきわめて重要であることを対人関係論の立場から主張したのはサリヴァンである。彼によると，この時期子どもは自己中心性の段階を越え，誕生以来はじめて社会的状態へと向かうことになる。すなわち，特定の他者が体験する満足感が自分にとっての満足感と同等の重要性をもつようになり始める時期であり，その体験は，まず最初同性の親友（chum）を相手として始まる。親友が価値を置くものには自分も無価値ではいられなくなる。このような関係を通して，社会・文化的環境がもつ統制力がパーソナリティに刻印されるとサリヴァンは強調する。

このように，児童期では子どもは家族以外の他者との関係を通してパーソナリティを発展させる。それが，次に続く青年期を乗り切る基盤となる。

◆ 青 年 期

青年期は心身ともに激動の時代である。かつて，青年期平穏説が説かれたこともあったが，社会・文化の多様化の現代にあって，自我の確立が大きな課題であるという点から見れば，この時期がまさに激動の時代であることは論をまたないであろう。また，病理的に見れば，この時期は各種神経症の多発期であり，また統合失調症（schizophrenia）の好発期にもあたる。境界例（borderline case）も増えている（第9章参照）。さらには，非行，校内暴力，不登校などの問題行動も多く見られる。このような青年期にパーソナリティはどのような発達を見せるのであろうか。これについて述べる前に，まずこの時期の身体の変化から見ていくことにしよう。

(1) **身体の変化**　この時期，身体は第二次性徴を迎える。陰毛の発生，乳房の隆起，声変わり，骨盤の拡大，精通，初潮など。これらによって，これまでの身体から大きく変容する。これまでの自分の身体とは明らかに異なる新

たな身体の誕生である。この体験はパーソナリティにも大きな影響を与える。健康な発達を遂げれば心身ともに成熟へと向かうが，何らかの要因で発達が阻害されれば，多くの問題が生じてくる。この時期ほど心と身体が密接で微妙に関連する時期はない。例えば，「思春期やせ症」(anorexia nervosa) は女子に多く発症する疾患であるが，その症状である重度のやせ，無月経，無食欲，拒食は身体の成熟を停滞させる。そして，心理的には女性としての成熟を拒否する傾向があるといわれている。

このような身体の変化の受け止め方には個人差が大きい。不安や罪悪感を抱く者もいるし，安堵や誇りを感じる者もいる。しかし，いずれにしてもみずからの身体をどのように受け入れるかは，パーソナリティの形成に大きな影響を与える。すなわち，身体の変化は自分がみずからをどのような存在としてとらえていくかという課題につながっている。

そして，こうした身体の変化もあずかって青年は他者，特に異性に関心を抱くことになる。これまではごく普通に接してきた異性が，突然，性の対象として自分の前に存在するようになる。他者がまったく異なる性質をもった新たな他者として顕現してくる。それは快の体験ばかりではない。羞恥心，自己嫌悪などの感情も生じてくる。このような性への目覚めは，他者特に異性への能動的関わりと親からの自立というパーソナリティ発達の意味をも担うのである。

(2) 大人になること　青年期の課題は，端的にいって大人になることである。社会的に生きていく「ペルソナ」(persona) を身に着けることである。それは単に身体的成熟のみで達成されるものではない。この点は先に述べた通りである。また，わが国で行われている成人式はすでに形骸化された儀式であって，それによって大人になったと確信する若者もいない。では，若者はいかにして大人になるのであろうか。

先に述べた身体の変化は他者との差異を明瞭にする。他者と比べての自分という心の動きを生じさせる。またそれは，身体の変化だけではなく，ものの考え方，価値観においても同じである。そこには，他者との比較によって自分というものを識ろうとする志向性がある。比較によって他者との共通性を体験することもある。優越感や劣等感を抱くこともある。このような体験を通して，若者は自分と他者との区別を明瞭にし，自分は自分であり，他者は他者である

> **【コラム3-4● あたらしい ぼく】**
>
> 　絵本は時に多くのことを教えてくれる。C. ゾロトウ（Zolotow & Blegvad, 1978）の『あたらしい ぼく』もその1つである。それは，「なんかへんなかんじなんだ」との少年のつぶやきで始まる。「ぼくはぼくじゃないみたいなんだ」。両親もいるし，壁紙もてすりも絨毯もいつもと同じだが，「なにかがちがう」。そのとき，友達のジャックが遊びにきた。でも，ジャックと遊んでも何かこれまでとは違う。家に帰って部屋に入る。そこにある，小さい頃から集めていた野球選手のカードや瓶のふたなどがみんながらくたに見えてくる。そして，ふと手にした，これまで何気なく集めていた貝殻に，神秘とでもいえるような感覚を抱く。図書館で貝の図鑑を調べてみよう。残りのがらくたをみんな箱に片づける。すっきりした。「いままでのぼくはいなくなった。そして……ぼくはいまここにいる。ぼくは──あたらしいぼくなんだ」。
>
> 　この短い話の中に，少年の内面の成長，それは自立に必要な死と再生ともいいうるほどの体験なのだが，それがじつにさわやかに描かれている。

という意識をもつようになる。

　このような過程の中で，若者は「自分はいったい何者なのか？」という根源的問いに直面する。それは，これまで生きてきた過去の自分の歴史を踏まえて，これからどう生きていけばよいのかという連続性のうえで未来を志向するための問いである。人間はその過去がいかにつらく厳しいものであったとしても，その歴史を断ち切って生きていくことはできない。さらにこの問いは，多様化する社会の中に自分という存在をいかに定位させていくかを模索するものでもある。この問いに自分なりの答えを見出すことが大人になることにつながっていく。エリクソンはそれを「自我同一性」（ego identity）の確立と呼んだ。しかし，それは相当に困難な道のりである。素朴に，われわれ大人ははたして自分が何者であるかを明瞭に体得しているであろうか，と考えると，これは相当に難しい問題であることがわかる。この点は後述することにして，現代は大人になることが困難な時代であるということができる。かつて高等教育は，自我同一性形成のための期間を保証すると考えられていた時代がある。この保護された期間をエリクソンは「モラトリアム」（moratorium）と呼んでいる。

　ここで，C. G. ユング（C. G. Jung）は，人生前半の課題はまず自我を確立し社会的地位を獲得することであると述べている。それがどのような過程を経るのかをノイマンに従って述べることにする。

「英雄の誕生」によって自我は自立性を獲得したが，まだそれは確立された自我とはいえない。次に自我は無意識と直面することになる。すなわち，無意識に潜む，ユングが「元型」（archetype）と呼んだイメージとの対決である。これをノイマンは「母親殺し」「父親殺し」の段階と呼ぶ。それは，現実の母親や父親を殺すのではなく，あくまで象徴的次元のことであり，「母なるもの」「父なるもの」と言い換えることができる。

母なるものは無意識ではグレートマザーの姿としてある。それを殺すことによって，自我が確立されるのである。また，父なるものは無意識ではグレートファーザーの姿としてあり，現実には社会・文化的規範を担っている。自我が社会的・文化的規範から自由であるためには父親殺しを行わなければならないが，それは必ずしも必要ではない。

母親殺し，父親殺しによって自立性を確立した自我は，1人の女性と新たな関係を結ぶ。「女性の獲得」の段階である。それによって自我は世界と新たな関係を築くことになる。

以上ノイマンの説を概観したが，平明にいえば，自我の形成＝自立の過程と考えることができる。しかし，それは相当の困難と苦痛を伴うものである。単に母親から離れ，経済的に独立し，新たな家庭を築くことだけでは自立したとはとうていいえない。それはあくまで表面的なことであり，その過程に自分がいかに関わり，自分という存在を賭した仕事をなしたかが問われるのである。でなければ，「自分はいったい何者なのか？」の問いに答えを見出すことはできないであろう。

このような過程をイニシエーションと呼ぶ。イニシエーションとは子どもから大人へと移行するための儀礼のことである。未開社会ではそれは集団儀礼として行われている。現代の成人式もその流れを汲んでいる。しかし，決定的に異なるのは，現代の成人式には大人になるための苦痛，試練が欠けていることである。M. エリアーデ（Eliade, 1958）によれば，イニシエーションによって厳しい試練を乗り越えて，子どもはまったくの「別人」になるのである。そしてその試練には死の体験が伴う。

このように見ると，現代ではもはや集団儀礼としてのイニシエーションは消滅しているということができる。したがって，大人になるためには，個々人が

自分なりのイニシエーションを体験しなくてはならない。それが相当につらい体験であることはこれまで強調してきた通りである。このような体験がなされないとき，ユング派のいう「永遠の少年」(puer aeternus) 元型が働く。永遠の少年たちは社会適応に困難を示すが，それは社会が悪いからだとか自分の能力を発揮する場所がないからだと思っている。時に自分の能力を発揮して，急激な勢いを見せることがあるが，持続性がなく，そのうち再び無為の状態に戻る。内的には深い挫折感を抱き，そしてけっして成人することがない。

さらにまた，現代のイニシエーションは社会の進歩と関連している。そもそも，この時期のパーソナリティの発達は社会のあり方と無縁ではない。すなわち，多様な価値観・社会的役割を選択することが可能な社会では「自分はいったい何者なのか？」「いかに生きるのか？」という大きなテーマが存在することになるからである。若者の生き方が厳しく固定している社会では，このような問いは存在しえない。イニシエーションは社会への参入の儀礼であるから，社会のあり方が変化すれば新たなイニシエーションを行うことが必要になってくる。

3　自己実現

乳児期から青年期までパーソナリティの発達について述べてきたが，それは主として自我の形成に関するものであった。もちろん，そうしたとらえ方は非常に重要で有益な示唆を多く含むものであるが，自我が確立したことで人生の目標が達成されるわけではないし，パーソナリティは自我のみで説明できるものではない。中年期以降の人生後半に向けて，この点を整理しておくことにする。

ユングは意識も無意識も含めた心の全体性の中心として「自己」(self) という概念を導入した。それは，意識の中心である自我の働きを補償する機能をもっている。そしてユング派では，自己によって自我に送られてくる無意識のメッセージを意識化しようとすること，すなわち「自己実現」(self-realization) が人生後半の課題であるとする。以降は，このような観点に立ってパーソナリティの発達を見ていくことにする。

◆ 中 年 期

　中年期はライフサイクルの中で転回点にあたる。これまでの人生は具体的な目標をもって，それに向かって歩む過程であった。山登りにたとえれば，山頂まで行き着く上昇の段階である。中年期はちょうど山頂にいて，これから山を降りていくという困難な仕事をなさなければならない時代である。そして，下降の果てには死が待っている。すなわち中年期は，消滅に向かいつつ人生を意味あるものとして生き抜くというパラドックスを内包した時代の始まりなのである。このような中年の意義に直面することから眼を背けようとするとき，中年の危機が訪れる。

　中年の危機はしばしば，人生における目標（昇進，家を建てる，子どもの入試の合格など）が一応達成された頃にやってくる。具体的には，浮気という男女関係の事態，家族の成員の不意の病気，転職などとして現れる。例えばある男性は，これまで一所懸命に仕事を続け，ある程度の社会的地位を獲得した。子どもも優秀で申し分ない。このような順風の家庭にあって，妻が浮気をするということが起こった，などという場合である。あるいはまた，外的な事柄と関係なく，強い抑うつ状態として危機が現れることもある。そしてそれが強くなると自殺にまで至ることがある。中年の自殺は現代では相当な数に上っている。こうした中年の危機をどのように考えたらよいのであろう。

　具体的な目標があるこれまでの人生では，心的エネルギーは主に外界へと向けられることになる。それによって人生前半を生き抜くことが可能になる。しかし，外界の目標がひとたび達成されると，これまで外界に向かっていた心的エネルギーは内界へと向かうことがある。これをユングは「エナンティオドロミー」（enantiodromia）と呼んだ。そうなると意識と対立していた無意識の内容が活性化され意識領域へと送られてくる。そして意識を支配するようになると，これまでの生き方とは異なる生き方が求められるようになる。それは既成の価値観を破壊するほどの力をもっている。これが中年の危機の深層である。

　このような無意識からのメッセージといかに向き合い，それを人生に意味あるものとしてゆくかが人生後半の課題である。すなわち，こうした事態は心の全体性を生きるという意味をもっている。そうした意味で H. F. エレンベルガー（Ellenberger, 1970）はこの事態を「創造の病」（creative illness）と名づけてい

る。

　また，中年の危機をその本人だけの問題として考えることはできない。先の例でいえば，妻が悪い，社会的に許されないことをしている，などと既成の価値観を振りまわして悪者をつくるだけでは問題は解決しないことが多い。夫婦で話してみると，お互いがいかに相手のことを知らなかったかに気づくことだってある。重要なことは，中年の危機が自己実現のための1つの「コンステレーション」(constellation) として生じてきているという視点である。危機はその背景に新しい可能性を内包している。しかしここで，先に述べたように，新しい可能性は既成の価値観を強く揺さぶり，破壊しかねないほどの力をもっていることも十分に認識しておく必要がある。自己実現の課題は，まさにこうした危機を創造へつながる道としてとらえていくことである。

　人生前半は自我を確立させることが課題であるから，ノイマンの説に見られたように，自我はその主体性を脅かすものを殺さねばならない。それはすなわち，無意識を意識の支配下に置くことを意味する。それによって自我は社会的に生きていく強さを獲得する。しかし，中年の危機では無意識から送られてくるメッセージを，これまでの人生でそうしてきたように無視するのではなく，それと向き合うことが必要になる。しかしそのメッセージは先に述べたように，社会的規範とは折り合わない。すなわちそれは，これまでの人生過程のうえに立てば悪である。ここで重要なことは，これまでは悪としていたことを中年期では人生に意味あるものとして受け止めねばならないということである。それは個々人のコスモロジーを築き上げる過程であるといえる。

　本章冒頭に，現代は価値観の転換が求められている時代であると述べたが，まさに中年期は，世界を対象化するイデオロギーから，この世に存在するすべてのものを入れ込んで1つの世界を完成させるコスモロジーへの転換点にあたる時代であるといえる（第10章参照）。

◆ 老年期

　人間は必ず老い，そして死を迎える。生きることは死へと向かうことであるといういい方もできる。まさに老年期は「いかに死ぬか」に直面する時期である。老年期の課題は中年期において述べたことと同様であるが，そこに，現実に避けることのできない「死」をいかに受け入れていくかという課題が加わる。

若さが尊ばれる社会においては，「いかに死ぬか」よりも「いかに生きるか」が重視される。中年，老年とてそうした影響から逃れられない。すなわち，いつまでも若さを保ち，健康で若者に負けないよう希望をもって生きることが中年や老年の望ましいあり方とされている。そのための健康法や医療も充実している。これも現代社会の1つの特徴といえるかもしれない。アンチ・エイジングの時代である。このことは，いい方を換えると，そう簡単には死ねなくなってきた時代であるともいえる。それも1つの老いの生き方といえなくもないが，しかしそれはあまりに科学の知に頼った生き方のようにも思われる。死は必ず訪れる。それは自然の摂理である。科学の知に頼りすぎた生き方は自然の摂理に反しているともいえる。そこには，老人は存在することそれ自体に大きな意味があるとの老いの重みはない。あるいはまた，ユングが「老賢者」(old wise man) と呼んだ，知恵深く，思いがけない洞察を与えてくれる老いのイメージもない。

　壮年，中年と懸命に働き，老後の生活設計を立てる。現代社会を生きるために重要なことではあるが，しかしそれは老いを生きることの苦痛を軽減するための努力であり，死を迎えるための準備ではない。そこには「いかに死ぬか」という心の準備がないのである。いうならば，死にゆくための心の生活設計がない。超高齢化という現代社会の特徴に思いを馳せるとき，「いかに死ぬか」はきわめて切実な，老年期を生きるテーマであるといえるであろう。

　現代人はいかに死んでいくのであろうか。それは何も当人だけのテーマではない。当人を巡る家族のテーマでもあるし，現代社会そのもののテーマであるといっても過言ではない。ここに「世代間継承性」(generativity) という考えが生きている。すなわち，死にゆくプロセスを次の世代に継承していくのである。ライフサイクルという考え方の最終段階である「死」は次の世代への「継承性」をもった事態であるということができる。

　しかし，そうはいっても「いかに死ぬか」はじつに困難な課題である。これまでの心理学もこの領域を本格的に扱ってこなかった。しかし近年，医療の領域で，終末期ケアや緩和ケアが重要視されるようになってきており，この領域で「いかに死ぬか」が本格的に取り上げられてきている。それは死の受容をテーマとしている。この領域での第一人者である E. キューブラ゠ロス (Kübler-

Ross, 1969) は死に至るまでに「否認と隔離」「怒り」「取り引き」「抑うつ」の段階があり，それを経て「受容」へと至ると述べている。このような領域での実践的研究は，死にゆくための心理学の領域に今後も大きな貢献をなしていくであろう。

さて，老年期をもってライフサイクルは完成する。しかし，老いに続く死を次の世界への入口と見なす考え方も存在するので，この点について最後に述べておく。

近年，医療の進歩に伴い，一端死を宣告されながら蘇生する人が増えている。R. A. ムーディ（Moody, 1975）はそうした人たちの体験には共通性が見られると，多くの蘇生者からの報告に基づいて指摘する。それはおおむね次のようなものである。

耳障りな音が聞こえ始め，長くて暗いトンネルの中を，猛烈な速度で通り抜けているように感じる。突然私は自分自身の物理的肉体から抜け出したのがわかった。この状態で私はある距離を保った場所から，まるで傍観者のように自分自身の物理的肉体を見つめていた。すでに死亡している友人や知己の霊がそばにいるのがなんとなくわかる。そして，いままで一度も経験したことがないような愛と暖かさに満ちた霊が現れ，私に自分の一生を総括させるために質問を投げかけた。ある時点で私は自分が一種の障壁とも境界ともいえるようなものに少しずつ近づいているのに気がついた。それはまぎれもなく，現世と来世の境い目であった。私は激しい歓喜，愛，やすらぎに圧倒されていた。ところが意に反して私は再び自分自身の物理的肉体と結合し，蘇生した。このような体験をその後他人に話そうとしても適切な言葉が見つからず苦労した。しかし，この体験のおかげで自分の人生は大きい影響を受け，人生の幅と奥行きが深くなったように感じる。

このような報告は，以前ならば非科学的なものとして扱われていた。しかし，これまで述べてきたように，科学の知のみでは死の問題を解明することはできない。ここで，河合（1983）はこのような体験を次の世界に入るためのイニシエーションであると述べているのは卓見である。ライフサイクルが死をもって終焉すると考えると，死後の生命や世界の存在を議論してみたところで無駄なことのようにも思われる。しかし，死を次の世界の入口ととらえると，河合も

述べるように，死後の世界を垣間見ることで現世の生をより意義深く把握することも可能ではなかろうか。

「死についてよく考えないでおいて，どうして生命の尊さや生きがいについて語ることができよう」（神谷，1980）とは，ハンセン病の医療に生涯を捧げた神谷美恵子の言葉である。この分野での実践的研究は，きわめて緊急度・必要性の高いものである。しかし，まだ新しい。今後の報告を待ちたい。

〔参考文献〕
◇ E.H.エリクソン（仁科弥生訳）『幼児期と社会 1，2』みすず書房，1977，1980
◇ E.H.エリクソン（村瀬孝雄・近藤邦夫訳）『ライフサイクル，その完結』みすず書房，1989
◇ 飯田真・笠原嘉・河合隼雄・佐治守夫・中井久夫編『パーソナリティ』精神の科学 2，岩波書店，1983
◇ 飯田真・笠原嘉・河合隼雄・佐治守夫・中井久夫編『ライフサイクル』精神の科学 6，岩波書店，1983
◇ 神谷美恵子『こころの旅』日本評論社，1974
◇ 河合隼雄『生と死の接点』岩波書店，1989
◇ 村井潤一編『発達の理論をきずく』別冊発達 4，ミネルヴァ書房，1986
◇ E.ノイマン（林道義訳）『意識の起源史 上・下』紀伊國屋書店，1984，1985

――皆藤　章

Part 2

パーソナリティと心理療法

第 4 章	パーソナリティと心理療法の目標
第 5 章	心理アセスメント
第 6 章	心 理 検 査
第 7 章	心理検査の臨床的活用
第 8 章	面接関係とパーソナリティ
第 9 章	攻撃性と甘えのパーソナリティ
第 10 章	障害の現代的意味とパーソナリティの成長

　われわれ著者たちは多かれ少なかれ心理臨床現場に携わっている。特に心理療法に関心があり，それに携わっているので，このようなパーソナリティと心理療法に関する部を設けた。少し専門的になるかもしれないが，今後の参考になればと思う。また，これこそが本書の特徴であり，アピールできる点である。

第 4 章　パーソナリティと心理療法の目標

　ここでは心理療法の基本とパーソナリティとの基本的な関係を述べたい。すでに述べた個々のパーソナリティ理論の多くはこの心理療法の実践から導かれてきたものであり，臨床の実践なくしてパーソナリティ理論はないといえるほどである。

1　心理療法とは

◆ 心理療法の定義と対象
　心理療法とは「心理的な問題を心理学的な方法によって解決しようとする営み」と定義されよう。心理的な問題はすでに述べられた発達の各段階のテーマ（第3章）や人生のテーマなども含み，広範囲に及ぶ。また，医学的な症状については，いまはDSM-IV-TRなどが診断の基準になっており，われわれはそれを重視し，それに従っているが，内因性と心因性と外因性の3つの分類法も基礎にもっていれば，役立つであろう。
　内因性とは原因が心因性とも外因性ともはっきり断定できないものをいい，心因性とは環境や心理的なものなど心因が原因であるものをいい，外因性とは薬物による障害やガス中毒による脳障害や脳挫傷など外からの力が加わったものをいう。心理療法は心因性の問題に有効であるが，それだけでなく，内因性にも，外因性にもそれなりの働きがあると思う。例えば，内因性の統合失調症（以前は分裂病といった）は心理療法で治癒や寛解することはないだろうが，周

りの人との関係を助けたり，その人の思いを聞いたりなどの役割があろう。このような考えから，心理療法はいま問題になっている発達障害の人たちにも大切な役立つ技法だと筆者は考えている。

◆ **クライエントとセラピストとの関係**

　心理療法はクライエントとセラピストとの関係の中で行われる営みであり，この関係性が最も大切である。この両者の関係をとらえる概念として，ラポール（rapport）がある。すなわち，両者の間に，ラポールをもつことが大切である。

　セラピストはクライエントを温かく受容していくのが原則である。心理療法ではクライエントのパーソナリティとセラピストのパーソナリティが相互に関わってくる営みである。この関係は以下で述べられるC. R. ロジャーズ（C. R. Rogers）のセラピストの3条件が呼応している。心理療法が進行していくと，クライエントのみならずセラピストのパーソナリティの変化・変容が生じてくると考えている。この点は第2節で述べるとして，ここではセラピストのパーソナリティについて触れておきたい（第8章も参照）。

　(1) セラピストのパーソナリティ　セラピストは正直で，徳が高く，秀でているなどのパーソナリティをもっている人であらねばならないというわけではない。だからといって，嘘をつく，だらけた，ゆがんだなどの側面をもつ人であってはならないであろう。セラピストがもっていた方がよいと筆者が考えるパーソナリティの側面をここでは3つに絞って述べておきたい。

　1つ目は布置力である。これは心理療法では，難しい，困難な問題をもったクライエントを治療していると，不思議なことや思いもしなかったことや，偶然的なことなどが起こってくることがよくある。このようなことが起こるのは偶然と考えるのも1つの考えであるが，筆者はセラピストがこのようなことを起こしたと考える。このようなことを起こす力，すなわち布置力に秀でている人はセラピストにより適していると思う。2つ目は受容力である。これはクライエントを温かく受け入れることで，日本人は秀でているといわれる。日本人は自分を殺してまで他人を受け入れる。3つ目は統合力である。これはセラピーを締めくくる力でもあり，受容力と一見対立的であろう。この力に日本人は弱い。例えば，日本人の事例の終わりがはっきりしないことなどにうかがえる。

すでに述べた父性と母性の観点から見れば，どちらももち合わせていることが大切であろう（表1-1参照）。

(2) セラピストの変容　クライエントのパーソナリティの変化や変容が心理療法の目的であるのは次節で述べるとして，ここではセラピストのパーソナリティの変化や変容も起こることについて少し触れておきたい。

ユング派である河合隼雄は「セラピストは自分の影で，勝負する」といったことがある。この言葉は，セラピストが心理療法によって，変容することを示唆したものである。一般には，セラピストは自分の得意とする，よいと思っている技法を使い，クライエントと心理療法を実践しているものである。しかし，河合はセラピストが成長するときにはそれに適したクライエントとの出会い（布置）があり，このクライエントはたびたびセラピストの弱点である側面と関係があることがあると主張したかったことがこの言葉になっていると思う。

ここにセラピーとともにセラピストの影（劣等な部分）が関係してくる。このようなことを可能にするためには，日頃から，セラピスト自身がみずからを知ろうとする努力が必要である。これを助けてくれるものとして，教育分析がある。心理療法家になろうとするものは，必要に応じて，教育分析を受けておくことが大切である。教育分析によってパーソナリティが変化・変容することは少しはあろうが，経験的には自分の特徴が研ぎ澄まされる感じである。自分を知ることが重要である。

(3) セラピストの成長　上記で少し触れたがここでも，セラピストの成長・変容について述べる。パーソナリティの成長・成熟について，中井久夫は「退行して，戻って来る力」と述べた。したがってここでは，この力の大切さを強調したい。セラピストはクライエントの影響を受けやすいものである。あるセラピストはクライエントの症状をそのまま自分の問題行動として，もってしまうという。このようなときはセラピストは退行しているととらえることもできよう。この状態からセラピストは「戻る力」をもっていることにより，クライエントのように，現実世界で問題行動を示すことなく，社会人としての行動を維持できなければならない。ここにも，セラピストがセラピーを進めることで成長していく様子がうかがえる。

◆ 技　　法

　心理療法の技法はさまざまにあり，列挙するのが困難である。また，分類の仕方もいろいろであり，コラム4-1で分類は少し試みるが，代表的なものを少し挙げておく。すでに述べたようにパーソナリティ理論と呼応するので，これに沿って技法を説明する。

　(1)　クライエント中心療法　　クライエント中心療法は，ロジャーズが主唱した方法である。はじめは非指示的療法といわれていたが，誤解が生じやすい呼び方であったので，クライエントを大切にすることを強調して，このような呼び方になった。ロジャーズはセラピストの態度を3条件として挙げており，これはどのような心理療法家であろうと大切にすべきことであり，誰もがもっていなければならないもので，どの学派であれ，初心者には学ぶべき，重要な要因である。すでに記したが再び触れておく。

　①　共感的理解（empathic understanding）──クライエントを共感的に理解することが大切であること。
　②　無条件の肯定的関心（unconditional positive regard）──クライエントと会うときは，何ら条件をつけることなく，無条件で会うことが大切であること。
　③　自己一致（congruency）──セラピストはクライエントとの関係の中で，一致しており，全体的統合をもっていること。

　(2)　精神分析　　精神分析はS.フロイト（S. Freud）が無意識を心理治療のもとに基礎づけたことに始まるといえる。これはフロイト派やユング派やアドラー派などと多くに分かれる。フロイトははじめ催眠療法を使っていたが，自由連想法を使い出し，やがて夢分析へと移っていた。ユング派は夢分析を中心に治療を進めている。

　(3)　行動療法・認知療法　　行動療法や認知療法では，行動理論の原理や法則などに従って，修正し，治療しようとする。直接に問題行動そのものを対象とする。基礎となる行動理論によって，技法に多様性がある。いまはやりの認知行動療法もこの流れにある。系統的脱感作法は不安（問題行動）を程度の低い方から高い方に並べて，順に克服していく方法である。

　(4)　自律訓練法　　自律訓練法は，ドイツの精神医学者のJ. H. シュルツ（J.

【コラム4-1● 心理療法の分類】

　心理療法の分類はどのような視点から考えるかによって，いろいろなものに分類される。このようなことを少し，このコラムで述べておく。
　① 個人か集団か
　これは，対象者を個人1人にして心理療法を実施しているか，集団に対して実施しているかによって分類する場合である。一般には心理療法は個人を対象としているが，集団の利点を利用するのも大切である。サイコドラマやソシオドラマなどもここに入れて考える人もいる。
　この分類により，個人遊戯療法と集団遊戯療法があることになる。なお，集団遊戯療法には5～6人の子どもたちを1人のセラピストが対応するときと，10人ぐらいの子どもを対象に2～3人のセラピストが入る場合もある。この極端なものとして，子どもの人数とセラピストの人数を同じにしての集団遊戯療法もある。
　② 作 業 療 法
　これは何か作業を課すことが心理療法になっていると考える方法である。作業は成果が目に見えることが大切と考えられている。難しいものでなく，単純作業が適しているといわれている。例えば，草抜きである。しかし，クライエントが何を望んでいるかを見極めながら，どのような作業にするかを決めることが大切である。
　ここに読書療法や音楽療法や絵画療法などを入れる人もいる。また，次に述べる森田療法はこの作業を重視しており，森田療法の補助的手段として利用されている。
　思いつくセラピーを挙げてみると，感受性訓練グループやエンカウンターグループなどもある。これらはグループと名づけられているように集団療法になる。
　日本的な療法は内観療法と森田療法の2つが挙げられる。箱庭療法も日本的であるが，技法の1つとも考えられるので，ここには含めない。
　森田療法は森田正馬（1874-1938）が禅との関係から考え出したもので，①臥褥期は，用便，食事以外は何もせず，1週間程度ただ寝かせる。②作業期は第1期では作業療法として軽作業，例えば除草やごみの分類などをさせる。第2期では重作業として，まき割りなどをさせる。③社会的活動への接近として，市場での買い物やウサギの餌をもらってくるなどの活動をさせる。こうしたプログラムで，1カ月ぐらいの入院によって，主に強迫神経症を治療しようとした。
　内観療法は吉本伊信（1916-88）によって提唱された。集中内観と分散内観の2つの方法で，実施されている。まず，壁面に向かって安座する。指導者の指示に従ってまず，母親について生まれたときから世話になったことなどを思い出していく。次は父親，祖父母，妻など関係者について，思い出していく。そこにいろいろな感情が出てくるが，それを体験していく。実習中は新聞や運動や読書などはせず，ひたすら，自分の関係者について考えていく。これによって，感謝の気持ちなど純粋な感情がよみがえってくると考えられている。

> 個々の技法はさまざまにあろうが、自分にあった方法を見つけることが大切である。大学院のときは基本を学ぶことを重視して、個々の技法は卒業してからの方がよいと筆者は考えている。

H. Schultz) によって創案された。他者から誘導される催眠法でなく、みずからが自分で誘導していく方法といえる。まず弛緩し、標準練習語句を頭の中で反復暗唱していく。これによって心身の調子を段階的に調整することができるとした。

2　心理療法の目標

心理療法の目標は極言すれば、主訴（問題行動）の変化・消滅と、その人のパーソナリティの変化・変容と考えられる。認知療法的に考えれば、この療法は前者のみを目的としており、明確であろう。後者が起こってくるのは深い心理療法が行われた場合である。この「深い」とは何かは難しい問題であるが、ここでは、パーソナリティ変化や変容を伴うような心理療法と考えておく。定義の仕方が少しおかしいが、わかりよいと思うのでこうしておきたい。このような心理療法でパーソナリティの変化や変容が起こっていると、明らかに認知の変化も起こっていると考えられる。また、このとき、セラピストにも変化・変容が起こっている場合があり、この点についても、すでに少し述べた。

◆ 主訴の変化

クライエントは主訴、すなわち問題行動が消去することを目的に来談してくる。だから、主訴が消去すれば、目的を達したことになり、心理療法は成功したことになる。しかし、明らかに主訴が消去しない場合もある。概していえば、神経症レベルだと主訴が消去することは多い。しかし、精神病レベルになると主訴の消去はなかなか起こらず、消去されたか否かは明らかではない。統合失調症がよくなることは寛解といって、治癒とはいわない。言い換えれば、主訴はなくなりにくいのである。また、筆者は神経症レベルでも、例えば夜尿症や吃音などには、心理的な解決とともに主訴がとれる場合と、心理的な問題は解決していると思われるのに、主訴だけはとれず、もっとパーソナリティの深いところにあるものが関係していると思われるものもあると考えている。これに

表4-1　終結のときのクライエントの状態

	パーソナリティの成長	主訴の解消
1の場合	○	○
2の場合	○	×
3の場合	×	○
4の場合	×	×

については，後の目標と終結との関係で，さらに記述していきたい。

◆ パーソナリティの変化（変容）

　変化と変容の2つの用語を使っているが，変容はどちらかというと相当深いところからの変化と考え，変化は何かが変わることと考えておく。心理療法はパーソナリティの変容を目指しているが，そこまでの成果が挙げられる場合もあるし，起こらない場合もある。上記の主訴の変化と関係を見ながら考えるべきであろう。変わりにくいのはやはり精神病レベルのものである。藤原勝紀は変わりにくい点から「そう簡単には変われないことは考え方によっては，そう簡単には崩れない健康さと考えられる」としてとらえる。そうして「このような生き方を弱さ（変人風に）をもって生きる妙味」という。特に統合失調症はそれ以上に悪くならないことが大切で，「日常生活をいかに無難に過ごすか」が大切になるという。

　終結時における，この主訴の変化とパーソナリティの変化の関係を図式化したものが表4-1である。

◆ パーソナリティとして暮らす世界

　長期にわたる心理治療を続けているクライエントは，パーソナリティの変化であるとか症状がとれるとかいうことは少なくなっている。いまの状態で，健康的に生活をしていることが大切で，それこそが心理療法の目的といっても過言ではないのではないかと筆者は考えている。しかし，それをクライエントとの間で確認することはなかなか困難である。クライエントはやはり主訴が改善することを望み続けていることが多い。しかし，話はそれほど発展することはなく，同じ話が続く。クライエントが傷つき，問題が起こってきた過去の，昔の話が多い。この昔の外傷がどのようにクライエントの心に落ち着くかがこのときの心理療法の目的になっていると考えて，面接を続けている。このように

長期間にわたり面接を続けていると、クライエントとセラピストの間に、目的の差が少し生じてくるが、このようなクライエントはなかなか変化しないものである。短期間で、問題行動が消去されるのとは違った局面になっているといえる。

◆ 目標と終結

目標が達成されたときに終結がくるのが理想であるが、そうでなく、中断することで、終結しているときもある。ここでは、目標が達成された場合の終結（中断と考えられていたが、実際はそうでもなかったものを含む）について少し記述しておきたい。

終結時には中断的だとセラピストが考えていたが、実際にはクライエントは成長しており、後日、セラピーが成功していたことがわかることがある。例えば、岡田の事例では「セラピストはクライエントがまだ成長があったとは考えられず、主訴もまだ解消されていなかった。しかし、クライエントは来なくなった（だから表4-1の分類では4に入る）。数年経て、結婚しましたという手紙とともに、生まれた元気そうな赤ちゃんを抱いているクライエントの写真が添えてあった」（未発表事例）。セラピストは中断（失敗）と考えていたが、クライエントは成長しており、セラピストの思いとは違ったのである。

筆者は、セラピーの終わりを、クライエントが自然な状態になったときと考えている。例えば、夢や絵画の説明を求めたとき、岡田（2007）は「クライエントがセラピストの感じていることよりももっと自由に応答するとき、セラピストを乗り越えたとセラピストが感じたり、クライエントは自然になったと考えたりする。夢に対して連想が硬かったり、図式的であったりすると、まだ、クライエントは無理しており、まだまだセラピーを続けなければとセラピストは考える。一方、連想が自然にでていると考えると、セラピーはもう終ってもよいのだろうかと考え出す。自然な連想か否かはセラピーの終結の指標の1つであると思う」と述べている。

箱庭療法の終結時の作品を示してこの章を閉じたい。箱庭療法の終結はD. M. カルフ（D. M. Kalff）によれば適応のときであり、静かな作品となる。また、渡河や出立など一見はじめの頃にもよく出てくる作品と似たものもある。その一例が図4-1である。また、図4-2は出立の作品である。

第 4 章　パーソナリティと心理療法の目標　79

図 4-1　渡河の作品

図 4-2　出立の作品（船は出発しそう）

図 4-3　曼荼羅の作品（四方に歩み出そうとしている）

また，曼荼羅の作品もよく見られる。図4-3はその一例である。これはこの時点での自己確立がなされた様子であり，パーソナリティのこの時点での完成である。

　心理療法によって，クライエントの基本的なパーソナリティに変化・変容がある場合もあるし，ない場合もある。ない場合でもクライエントはエネルギッシュになるとか明るくなるとかの変化は見られる。また，クライエントを取り巻く環境，特に，家族の力動が変化することは多い。そこには，クライエントの両親や兄弟などへの認知の変化も見られる。まさに，認知療法でなくても認知療法が目指しているのと同じように，認知の変化が生じているのである。これらにより，クライエントは成長したといえるのである。

　心理療法の中で起こっていることやパーソナリティとの関係は，以下の章でも記述されていくだろう。

〔参考文献〕
◇　河合隼雄編『心理療法の実際』誠信書房，1977
◇　岡田康伸『箱庭療法の基礎』誠信書房，1984
◇　岡田康伸『箱庭療法の展開』誠信書房，1993
◇　岡田康伸「終結について」京都大学大学院教育学研究科・心理教育相談室紀要『臨床心理事例研究』33, 11-12, 2007

――岡田康伸

第 5 章　心理アセスメント

1　心理アセスメントとその意義

◆ 心理アセスメントとは

　数名からなる集団があり，その中からある作業に最も適した人1名を選ぶことになったとしよう。そのためには，その作業自体の特徴を明らかにする一方で，1人ひとりのもつ能力，適性，意欲といった心理的特徴を明らかにする必要があるだろう。個人の心理的特徴を心理学的な手法を用いて明らかにする行為を，心理アセスメントもしくは心理査定（psychological assessment）と呼ぶ。臨床心理学の分野における心理アセスメントは，特に臨床心理アセスメントと呼ばれる。以下の記述では，主に臨床心理アセスメントについて述べる。臨床心理アセスメントをここでは「心理的問題を抱えて来談したクライエントに対して，不適応の度合い（病理性），パーソナリティ，心理社会的特徴，セラピーによる変化を，面接，検査，行動観察および第三者情報を通して，可能な限り客観的に明らかにしようとする行為」と定義づけておく。

◆ 心理アセスメントの意義

　臨床心理アセスメントはなぜ必要なのだろうか。心理療法（カウンセリング）では，ともかくクライエントの話を聞いていればいつの間にかよくなってくるのだと考える人もいるが，それは誤解である。たしかに，一見，セラピストが傾聴するだけでクライエントが変わっていったように見える事例もなくはない

が，それをすべての心理療法のモデルとすることはできないし，傾聴しているだけのように見えて，セラピストは自分の心を動かし，さまざまなことを感じたり，想像したり，考えたりしているのである。

　土居（1961）が「治療者に治療方針についての定見がない場合は，もし治療者にあり余るほどの人間的善意があったとしても，結局のところ患者は得る所がない」と述べる通り，セラピーには方針が必要である。

　とりわけ，リスクを減らしながらセラピーを進めることは重要である。例えば，うつ病が疑われる場合，真っ先に考えるべきことの1つは自殺のリスクである。セラピーを進めるにあたって，そのクライエントの抑うつ度や自殺の可能性をアセスメントしておくことは不可欠といってよい。すなわち，セラピーがクライエントにとって有益なものになるには，やみくもに進めるのではなく，先を見通しながら進んでいくことが必要なのである。いわば，「危険地帯」が記されたおおまかな地図と方向性を探るための羅針盤をもつことが必要なのであるが，それを手に入れる行為が臨床心理アセスメントにほかならない。

　もちろん，初回面接の時点で終結まで見通せるわけではないから見通せる範囲でよいし，前に進みつつ不断に修正していくものであるのだが，それでも見通しをもつ姿勢は最初からもつべきである。

　臨床心理アセスメントの内容は，不適応状態のアセスメント，パーソナリティのアセスメント，心理社会的アセスメントに大きく分類される。以下，順に見ていこう。

2　不適応状態のアセスメント

　不適応状態のアセスメントとは，症状，問題行動などの不適応状態の有無，およびその程度，その背景にある要因を明らかにすることである。これはさらにいくつかの要素に分けて考えることができる。

◆ 状態像の把握

　まず最初に行うべきアセスメントは，状態像の把握である。すなわち，いまクライエントの身に何が起きていて，どのような状態にあるのかをしっかりと押さえることである。

それが医学的事態であるのならば，症状を聞くことになるわけだが，心理療法を求めてくるクライエントに生じているのは，すべてが医学的な事態というわけではない。離婚するか否か，転職するか否かなど人生の岐路に立たされて相談に来る人もいるし，子育てに悩んで来る人もいる。また，非社会的「問題行動」を起こしている人や，反社会的行為に及んで訴えられた人もいる。症状であれ，問題行動であれ，その状態像を的確に把握することが，不適応状態のアセスメントの第一歩である。

　例えば，「居場所がない」という訴えの場合，ある特定の場所で感じるのと，どこにいてもその感覚を覚えるのとでは意味合いは異なるだろう。ひとことで「不眠」といっても，寝つきにくいのか（入眠困難），途中で目が覚めるのか（中途覚醒），早い時間に目が覚めるのか（早期覚醒）によって，その人のつらさは違ってくる。クライエントが「不安だ」と語る場合も，その不安が漠然としたものなのか，それとも「何かがどうなりそうだ」という特定されたものであるのかは聞いてみなければわからない。クライエントが「パニック」という言葉を使ったからといって，それが専門用語としてのパニック発作を意味しているとは限らない。日常語として「頭が真っ白になった」とか狼狽したという意味で使われている場合もあるから，確認してみる必要がある。

　集団の中から過大なストレスを抱えている人たちを抽出し，必要に応じて精密検査や診察や心理療法につなげるといった予防的観点から行われる心理アセスメントも，これに含めてよいだろう。

◆ 医学的診断

　医学的な事態である場合は，診断的な理解が求められる。診断（diagnosis）は，患者が示している状態を1つの診断基準と照らし合わせ，病名を特定する行為である。精神医療の領域で心理検査による心理アセスメントが医師から臨床心理士に依頼される場合，その主要な目的は診断の補助である。その場合，心理アセスメントは診断のための情報を提供するものと位置づけられる。

　臨床心理士は医学的な診断名をつけることも，それをクライエントに告げることも許されないわけであるが，「精神医学的診断名をつけるとすれば何になるか」を考えてみることは心理アセスメントの一要素として必要である。

　現在よく使用される精神医学的診断基準には，アメリカ精神医学会による

『精神疾患の診断・統計マニュアル』（*Diagnostic and statistical manual of mental disorders*）の第4版改訂版（DSM-IV-TR）と世界保健機関（WHO）による『疾病及び関連保健問題の国際統計分類』（*International statistical classification of diseases and related health problems*）の第10版（ICD-10）がある。これらは統計的な処理もしやすいように診断名とともにコード番号が付されている点（例えば，強迫性障害は，DSM-IV-TR では 300.3，ICD-10 では F 42 と表記される），また，病因論的観点からの分類を避け，症状として表に現れている形の違いによって記述的に分類されている点が特徴的である。

　もっとも，現場で医師が実際につけている診断名を見ると，必ずしもこの2つによらず，従来の病因論的な理解に基づく診断名がついていたり，症状名が列挙されているだけのものもある。これには，確定的な診断名は治療の経過の中でしかわからないといった現実的な理由も含まれているのだろう。どのような診断基準であっても，ある1つの観点に立った分類が試みられているにすぎないわけだから，絶対的なものではないという点にも留意しておきたい。なお，2013年には DSM-5 の出版が予定されている。

◆ 病態水準

　医学的な事態である場合に必要な2つ目のアセスメントは，病態水準のアセスメントである。例えば，最も重い状態に陥ったときにはどの程度まで落ち込む可能性があるか，神経症圏でとどまるか，幻覚・妄想などの症状が現れる精神病圏であるか，それともその境界領域にあって一時的に精神病様の状態に至ることがありうるかといったアセスメントは，セラピーを進めるうえでの大きな方向性を決めるのに役立つ。米倉（1995）は健康な水準，神経症水準，境界水準，精神病（統合失調症）水準の人の特徴を表にまとめている（表5-1）。

　病態水準を考えるときに留意すべきことは，クライエントの健康な面にも関心を向けることである。病理性のアセスメントとなると，得てして病的な側面にばかり目が行きがちになる。しかし，どんなに重い病気を抱えるクライエントであっても健康な面を必ずもっている。それはクライエント本人にとっても，そのクライエントを支える人々にとっても支えとなるはずである。

◆ 病因論的アセスメント

　医学的な事態である場合の3つ目は，病因論的なアセスメントである。精神

表 5-1　病態水準とそのパーソナリティの特徴および治療技法の工夫
（米倉，1995 による 2 つの表を合成し，一部文言を変更した）

	健康な水準	神経症水準	境界水準	精神病水準
病識と問題意識	（―）	強い	曖昧	弱い
自我境界	柔軟	硬化	曖昧	未分化・混沌
対人関係での安全保障感	安定	過敏	勘ぐる	勘違いする
頭の騒がしさ	少ない	気にする	あわてる	脳が騒がしい
面接態度	落ち着いている	わかってほしい，甘えたいがひねくれている	わかるはずがない，甘えるのがへた	わかられてしまっている，甘えを知らない
ロールシャッハ反応	外的・内的適応をほどほどに	過度な外的適応と内的防衛	自我境界の曖昧さ	未分化・混沌
治療者の態度	（―）	覆い（蓋）をとる，明確化	覆い（蓋）をつくり直す，明確化	覆い（蓋）をする，保護・枠づけする

　症状を示している場合でも，必ずしも心理的な要因（心因）から生じているとは限らない。精神症状は外因（外傷や脳血管障害などによる脳の器質的な異常によるもの，脳以外の身体的な病気により引き起こされたもの，外傷や薬物による脳の機能的な異常によるもの），内因（原因不明だが，体質的遺伝的要因が想定されるもの）によっても起こりうるので，心因の関与を云々するためには，まずそれ以外の要因の関与を除外する必要がある。臨床心理士が除外診断そのものをするわけではないが，心因以外の要因が働いている可能性を感じ取る力量はつけなければならないだろう。

　心因によるものであったとしても，中身はさまざまである。例えば同じうつ病であっても，「幼い頃父親から虐待され，中学校ではいじめを受け，職場では人間関係がうまくいかず」といった歴史の長いうつ病の場合は，「生まれてから 40 歳になるまで特に大きな問題もなく過ごしてきたが，職場が異動になり，昇進もしたことで，急にストレスが増え，耐えきれなくてうつ状態を呈している」といううつ病の場合に比べると，治るために要する期間は長くなると予想される。

　うつ状態や不安は多くの精神疾患に見られる症状であり，そうした症状が見

られただけで「うつ病」だとか「不安障害」だとかいえるわけではない。例えば，発達障害の成人がコミュニケーションをうまくとれないために職場でもめごとを起こし，結果としてうつ状態を呈している場合などもある。医師による診断書や紹介状を見ると，診断名が1つではなく複数つけられている場合も少なくない。例えば，「うつ状態とパニック障害」といった具合である。この場合，どちらが中核的なものなのかを考えてみることも有用である。すなわち，うつ状態が先にあって，その経過の中でパニック発作が見られるようになった場合と，パニック障害の結果としてうつ状態を呈している場合とでは，セラピーの焦点のあて方は異なってくるだろう。

3　パーソナリティのアセスメント

◆ 心理療法とパーソナリティの関係

次に取り上げるのは，パーソナリティのアセスメントである。心理療法とパーソナリティの関係は大きく4つにまとめることができる。1つ目は，もともともっていて，病気に影響を与えたものとしてのパーソナリティである。これは「病前性格」と呼ばれる。セラピストは，この場合，パーソナリティの特徴を明らかにし，それが症状や問題行動とどのように結びついているかをとらえ，方針につなげていくことになる。

病前性格と心身の疾患とのつながりについては，例えば，心身症になりやすいパーソナリティとして「タイプA行動パターン」が知られている。タイプA行動パターンとは，2人の医師，M. フリードマン（M. Friedman）とR. H. ローゼンマン（R. H. Rosenman）が冠状動脈疾患になりやすい人のパーソナリティとして名づけたもので，「できるだけ短い時間にできるだけたくさんのことを成し遂げようとする慢性的な，絶え間ない努力を，必要とあらば他の物や他人に対抗してでもむきになって続ける人に認められる，行動と情緒の複合体である」と要約されている。「過度の競争心，攻撃性，短気，そして時間の切迫感」がその特徴であり，その攻撃性や敵意は，深いところに隠されており，自分自身で気づいている人は少ないとされている（Friedman & Rosenman, 1974）。タイプA行動パターンは後の研究によって，心臓疾患だけでなく，広く心身

表5-2　DSM-IV-TRにおけるパーソナリティ障害の下位分類

下位分類	様式
妄想性パーソナリティ障害	他人の動機を悪意のあるものと解釈するといった，不信と疑い深さの様式
スキゾイドパーソナリティ障害	社会的関係からの遊離および感情表現の範囲の限定の様式
統合失調型パーソナリティ障害	親密な関係で急に不快になること，認知的または知覚的歪曲，および行動の奇妙さの様式
反社会性パーソナリティ障害	他人の権利を無視し，それを侵害する様式
境界性パーソナリティ障害	対人関係，自己像，感情の不安定，および著しい衝動性の様式
演技性パーソナリティ障害	過度な情動性と人の注意を引こうとする様式
自己愛性パーソナリティ障害	誇大性，賞賛されたいという欲求，および共感の欠如の様式
回避性パーソナリティ障害	社会的制止，不全感，および否定的評価に対する過敏性の様式
依存性パーソナリティ障害	世話をされたいという全般的で過剰な欲求のために，従属的でしがみつく行動をとる様式
強迫性パーソナリティ障害	秩序，完全主義，および統制にとらわれている様式

症になりやすい病前性格であることがわかってきた。

　また，うつ病になりやすいパーソナリティとして「執着性格」や「メランコリー親和型性格」が知られている。1930年頃，精神科医の下田光造はうつ病の病前性格として「執着気質」（immodithymia）を見出した（飛鳥井，1983）。執着性格は仕事熱心で，凝り性，熱中・徹底性，強い正義感や義務責任感，几帳面で完全主義といった特徴が挙げられている。ドイツの精神科医H.テレンバッハ（H. Tellenbach）が1961年にうつ病の病前性格として記述した「メランコリー親和型性格」も，秩序志向，自分への要求水準が高すぎること，他人への配慮などが特徴とされており（Tellenbach, 1983），両者には共通点が多い。

　2つ目は，パーソナリティ自体に障害が見られる場合であり，「パーソナリティ障害」と呼ばれている（日本ではかつて「人格障害」と訳されていたが，2003年に改称されている）。DSM-IV-TR（American Psychiatric Association, 2000）によると，パーソナリティ障害の定義は「その人の属する文化から期待されるものから著しく偏り，広範でかつ柔軟性がなく，青年期または成人期早期に始まり，

長期にわたり安定しており，苦痛または障害を引き起こす，内的体験及び行動の持続的様式」とされ，下位分類として10種類が挙げられている（表5-2）。

3つ目は，セラピーの支えとなるものとしてのパーソナリティである。例えば，悲惨な状況の中にあってもクライエントのもつユーモアの感覚が，セラピーの支えとなっているという感覚をもてることがある。いわば，クライエントがもつパーソナリティの健康さである。

そして最後は，セラピーを通して変化・成長していくものとしてのパーソナリティである。心理療法は症状を治し，マイナスをゼロに戻すだけの営みではない。それは時に，病や困難な問題の中から何かプラスになるものを手に入れ，パーソナリティの成長を引き起こすという面ももっている。この場合セラピストは，症状や行動の改善といった視点だけでなく，クライエントが自分のパーソナリティを自覚し，新たな課題に取り組むことを通してパーソナリティの成長を果たせるように援助する視点をもって関わることになる。

◆ パーソナリティの6つの側面

類型論，特性論，力動論，認知行動論などのアプローチのうちのどれをとるかで，パーソナリティを記述するための言語が異なり，強調点も違ってくるわけだが，クライエントのパーソナリティを記述する際には，筆者は次の6つの項目にまとめることにしている。

(1) **知的・認知的側面**　第1は知的機能，認知機能である。記憶力，学習能力，言語表現力，数的操作能力といった狭い範囲の知的能力（知能）だけでなく，現実検討力，自己観察力，注意力，察しのよさ，創造性，見通しのよさ，などの能力や，知的関心の高さ，あるいは認知スタイル（思考や判断の特徴）もこれに含まれる。

(2) **情動的側面**　第2は情動機能である。感情は豊かか，どの程度自分の感情を表現するか。気分の起伏は大きいか，どの程度気分の自己コントロールができるか（例えば，怒りをどの程度出すか，怒りをどのようにして収めるか）。どんなことにどの程度の不安を抱えているか，どれほどの不安に耐えられるか。行動に落ち着きは見られるか。普段から抑うつであるか否か，どの程度神経質か，など。

(3) **意志的側面**　第3は，意志の側面である。意欲，欲求，気力などに

関わる項目である。物事に対してどれだけ意欲的に取り組むか，あるいは無気力か。課題の難易度が上がるとより張り切るか，それとも急に意欲を失うか。学習意欲や向上心があるか。野心的か。新奇なものにチャレンジするか。決断は早いか。一度決めたことは最後まで貫き通せるか，一度決めたことを必要に応じて修正する柔軟性があるか。先行きの不透明な混沌とした状況の中でも意欲を保てるか。個人的なストレスにどの程度耐えられるか。ボランティア精神がどの程度あるか，などが挙げられる。

(4) 自己認識　第4は，自己に対する認識である。自己評価は基本的に高いか低いか。自己評価はどの程度頻繁に変動するか，自己評価の振幅は大きいか。自己評価が特に下がるのはどのような場面か。自己評価が下がったときは，どのようにして回復させるか。何について優越感や劣等感を抱いているか。自尊感情（自分を大切に思える感情）は高いか低いか。どの程度自分自身に陶酔しているか。自己受容はどの程度できているか。いまも受け入れられない過去の出来事は何か。自分らしさをどの程度自覚しているか，自己の内面をどの程度言語的に把握できるか。自分が人からどのように見られているかについてある程度現実的な認識がもてているか，など。

(5) 社会的側面　5番目は，社会的側面・社会性である。現実にどのような人間関係をもっているかではなく，人と関わる態度のことを指している。社交的か否か，受容的か拒否的か。初対面の人と打ち解けるのに時間がかかるか。相手が同性か異性かで態度が変わるか。相手が身内か他人かで態度が変わるか。競争場面では張り切るか，それとも競争を避けようとするか。他者に対してどの程度攻撃的に振る舞うか。どの程度自己主張をするか，どの程度妥協できるか。どれだけ思いやりをもって接するか。快活か，穏やかか。どれだけ人に頼ろうとするか，必要なときに適度に人に頼ることができるか。どれだけ支配的に振る舞うか，逆に従順に振る舞うか。リーダーシップはとれるか，どのようなタイプのリーダーシップを発揮するか。どれほど人に迎合するか。どれほど「よい子」として振る舞おうとするか。自分のことをどれだけ開示するか。他者からどのような人と見られたがっているか，などが挙げられる。

(6) 価値観・世界観　最後は価値観・世界観である。生きがいは何か。政治，経済，福祉，芸術，スポーツ，娯楽など，何に特に興味・関心があるか。

生活の中で何をどのような順番で大切にしているか。労働観，恋愛観，子ども観，教育観，性別役割観，道徳観などのさまざまな価値観が，その人らしさをどのようにつくり上げているかを見る。

4 心理社会的アセスメント

アセスメントの第3の内容は，心理社会的アセスメントである。家族・親族や同性・異性の友人，職場の同僚など，実際の対人関係のあり方を明らかにし，それがどのようにストレスとなり，またサポートとなっているかを見る。

まずは家族関係である。セラピストはクライエントの家族構成を明確にするなかで，クライエントから見た家族メンバー間の相互関係（心理的距離，関係の強さ，力関係）を明らかにしていく。「仲のよい家族」といっても，仲よく「見える」家族の場合もあるし，信頼関係というよりも相互依存関係で結ばれていることもある。家族内の関係は親密だが，家族外との間の壁が厚い家族もあれば，家族外にはよい顔をするが，家族内は疎遠な場合もある。そのような家族関係はクライエントの症状や問題行動とどのように関わっているだろうか。クライエントにとって家族は病因として働いているのだろうか。病因ではないにしても，心の病気であることについて家族から理解を得られないことが二次的なストレス要因となっている場合もある。あるいは逆に家族がストレスを低減する要因となっている場合もある。

家族が病因として働く場合，親子2世代の話だけではなく，家系の歴史が刻み込まれている場合がある。例えば，自分の親から過保護に育てられた人が，自分が親になったときに，自分が受けた養育を繰り返すまいと子どもを過度に放任するようなことがある。そして，その子どもは自分がほったらかしにされているように感じ，親を恨むようなことが起きる。このように，世代を超えて心理的な問題が伝達されていることを「世代間伝達」と呼ぶ。

続いては友人関係である。子ども時代からこれまで友人の数は多かったか。親友と呼べる人はいたか。友人とはどんな遊びをしていたか，しているか。友人とは広く浅くつきあうか，狭く深くつきあうか。長く続いている関係はあるか。友人とのトラブルはどのようなものがあったか，いじめられた経験はある

か。友人関係は生活に潤いを与えたり，支えとなっているかなどが挙げられる。

次は異性関係である。思春期の頃，性化していく身体的変化をどのように受け止め，性的な衝動をどのようにコントロールすることを学んできたか，恋愛に対する態度や恋愛経験，結婚への態度や結婚・離婚の経験，異性とのトラブルにはどのようなものがあったか，異性関係は生活に潤いを与えたり，支えとなっているか，などがある。

最後は，学校や職場での人間関係である。教師との関係，上司－部下の関係，先輩－後輩関係，同僚との関係，顧客との関係はどうか。どのような役割や地位が与えられているか，どの程度期待されているか。支えとなっている人はいるか，ストレスとなっている人はいるか，ライバルはいるか，などが考えられる。

これ以外にも地域社会における人間関係（近所づきあい）なども関わってくるだろうし，最近ではインターネット上のバーチャルな世界での交流が精神生活に影響を与えていることにも留意する必要がある。

5 アセスメントの方法

臨床心理アセスメントを行う方法には，面接，検査，行動観察，第三者情報の4つがある。

◆ 面　接

面接は，直接会って話を聞く方法である。これは，あらかじめ決められたことを決められた順に尋ね，それ以外には聞かない「構造化面接」，面接者が聞きたいことを流れの中で臨機応変に自由に聞く「非構造化面接」，その中間にあって，あらかじめ決められたこと聞くが，順番は臨機応変でよいし，その他のことも流れに応じて聞いてかまわない「半構造化面接」の3種類に分けられる。

いずれにしても，クライエントとの交流の中で情報を得るので，生き生きとした，豊かな情報が得られやすい。ただ，情報が多くなりすぎて，そこから面接者が何を引き出してどう理解するかについては面接者の力量が問われることになる。同じ話を聞いてもそこから得られるものは面接者によって異なってく

るのである。

　また，クライエントが語ったことは，すべてが客観的事実であるとは限らない。クライエントがあることを断定的に語ったとしても，その内容を鵜呑みにできるわけではない。例えば，クライエントが「私はまじめな性格なんです」と語ったとしよう。これを聞いて，「この人はまじめなんだ」と受け取るのは単純すぎる。「この人は自分のことをまじめだと思っているんだ」という理解の方がより適切だろう。しかし本当にこの人が自分のことをまじめだと思っているかどうかはわからない。ここでの事実は，「この人は自分のことをまじめだと口に出して言った」ということである。発言の内容だけでなく，発言の意図を考慮に入れるなら，理解の仕方はさらに複雑なものとなる。「私はまじめだ」と口に出して言ったのは，自分のまじめさを相手に認めてほしいからなのか，まじめであることにコンプレックスがあるからなのか，まじめでないことを隠すためなのか。

　こうした理解をするには面接者の感受性が頼りになるわけだが，そこには面接者自身の主観が入り込む。したがって，面接者は自分の主観を手がかりにして得た理解を仮説としてとらえ，それが確かであるかどうかを，他のデータを通して確かめる態度がいることになる。また，面接者以外の人にも入ってもらい，複数名でデータを検討するというやり方もできる。

　そもそも，クライエントが面接の中で何を語るかは，面接者が誰であるかによって変わってくる。つまり，得られる情報はクライエントと面接者の関係の中で決まるのである。すると，そこで得られた情報をそもそも客観的なデータとして取り扱ってよいのかという疑念が生じてくる。だが，面と向かって話を聞く場合，相手が誰であっても同じように話してもらうことを期待することはできない。だとするならば，ここで語られたことはそのクライエントの心の一端であることを忘れずにいることがまず大切である。また，その2人の関係性（関係のあり方）そのものが，アセスメントのための情報になるという見方も重要である。クライエントを観察するだけでなく，クライエントと私（面接者）の関係を観察するのであるが，これができるようになるには，かなりの熟練が必要とされるだろう。

　このように，主観性と客観性，関係性といった観点から見ると，面接という

方法には困難さが伴う。それでも，実際に話を聞いてみなければわからないことはたくさんあるし，面接者がクライエントの内面をとらえるみずからの感受性を鍛え，関係性を吟味する目を養えば，得られる情報は非常に多い。そこに面接法の醍醐味がある。

◆ 検　　査

　次は，検査法である。個別の検査や実施法については次章で詳述するので，ここでは心理検査を用いた心理アセスメントの意義について述べる。馬場（1999）は，その意義について「アセスメント面接と心理検査というのは，車の両輪のようなもので，面接からしか出てこない情報もあります。たとえば生活史や問題の発生過程など，長い歴史がある情報です。一方心理検査，特に投映法はもっぱらその人の現在のパーソナリティを知る，というところに限定されますが，それについては面接よりはるかに深いところまでが見えてくるわけです。それが心理療法の見通しを立てるうえで参考になります」と述べている。面接からは見えていなかった情報が，心理検査を通してはじめて見えてくることがある。心理検査を用いたアセスメントは，クライエント理解を深めるうえで，面接によるアセスメントと相互に補完する関係にあるといえる。

　心理検査にはさらに，セラピスト側がクライエントについての理解を深めるだけでなく，クライエント自身が検査結果を知り，それについてセラピストと話し合うことによって自己理解を深める契機となることにも大きな意義がある。この点はもっと強調されてしかるべきだろう。

　心理検査の限界についても触れておく。心理検査は1人の人間の心に光をあて，目に見えるように映し出そうとするものであるが，どの検査も心の一面に光をあてているにすぎない。複数の検査を組み合わせて行うことで確度はいくらか上がるが，それでも検査の結果だけをもって断定的なことをいうわけにはいかない。例えば，知能検査の結果だけをもって「この子は発達障害だ」と断言することはできない。生育歴情報を得，現在の日常生活場面での行動の報告を聞き，実際に子どもの行動を観察し，それに心理検査の結果を加え，診断基準と照らし合わせたうえで，総合的に判断されるべきものである。血液検査をして高コレステロール症であることが明らかになるほどには，心理検査によって確定的なことはいえない。そうした限界を踏まえたうえで，心理検査を通し

ていえることを生かしていくのである。

◆ 行動観察

　第3は，行動観察によるアセスメントである。面接によるアセスメントにおいても，心理検査によるアセスメントにおいても，行動の観察は含まれている。面接においては，言葉で語られた内容だけでなく，話し方，身振り手振り，服装などを観察して非言語的な情報を得ているし，心理検査についても検査課題への反応だけでなく，検査前，検査中，検査後の行動を観察し，それを含めて検査結果がまとめられる。したがって，行動観察によるアセスメントという場合には，面接場面でも検査場面でもないところでの行動の観察を指しているのが一般的である。

　例えば，「攻撃的な面がある」という理由でアセスメントを依頼された特定の子どもの行動を，その子が通う小学校を訪問して少し離れたところから観察する場面を想定してみよう。一定時間内でその子が実際に攻撃行動をとった回数を数えれば，どれくらいの頻度で攻撃行動をとるかを数量化することができる。そしてどのような条件のもとで攻撃行動が増すかという「関数」が明らかになれば，その子が自分の行動をコントロールする手がかりがつかめるかもしれない。

　あるいは，精神科のデイケアで，ある患者が他の患者とどのように交流するかを観察する場面を考えてみよう。その患者は，他の患者からときどき話しかけられるのだが，何も答えられないことがよくある。そして，そのとき全身に緊張がみなぎっていることが見てとれる。その全身の緊張は何を物語っているのかと考えてみれば，普段その患者が人と関わるのが難しい理由の一端を知ることができるだろう。また，デイケアの時間が終わってから，その患者にそっと近づいて，体が緊張していたことをやさしく指摘し，「他のメンバーから話しかけられたときどう感じていたの？」と尋ねてみると，クライエントが自己理解を深めるきっかけにもなるだろう。そもそもその患者は，自分がそれほどまでに体を緊張させていたこと自体に気づいていないかもしれない。

　齋藤（1991）は，「行動情報は，言語的な自己内省報告と対照的に，『自己理解』圏にすぐには入り難い無意識的メッセージの面を多分に持っている。それだけに他者の観察と解読に委ねられるところが大きい」と述べている。なぜそ

のように行動したのかと聞かれても自分でもわからないことは多い。したがって，観察者の解読に委ねられる面があるわけだが，面接の場合と同様に，観察者の主観に依存していることは否めない。観察者の理解は絶対的なものではなく，「私にはこう見えた」「私はそのことをこう思う」というのが妥当なところだろう。その仮説的理解を主観的なものであることを踏まえながらクライエントに伝え，話し合うことで，クライエントがまた何かを感じ，自己理解を深めていくことにつなげていくことが肝要である。

◆ 第三者情報

　クライエントに関する第三者からの情報もアセスメントに役立つ。これには専門家からの情報（同じ職場内の他のスタッフから口頭で伝えられることや，他機関の医師や臨床心理士からの紹介状など）と，非専門家（家族や職場の上司等）からの情報がある。

　第三者情報はクライエント自身から語られないクライエントの別の面を知ることができる点で，クライエント理解を深めるのに役立つ。他方，クライエントが語ったことと第三者情報に食い違いが見られると混乱が生じるとか，まだクライエント自身から語られていない情報に引きずられてしまうといった否定的な面もある。後者の場合，情報の中身を受け取るだけでなく，なぜそのことをクライエントはセラピストである私に直接語ろうとしないのかという点も考えてみなくてはならないだろう。

　また，家族や上司がクライエントに内緒で「あらかじめ情報を伝えておきたい」と申し出てくることがある。その場合も，なぜクライエントに内緒でなければならないと思うのかを取り上げることが新たな情報になる。

　一般に，情報は印象操作のためにも用いられる。木村（1994）が「自分の肉親や知人を異常者あつかいしたくないという当然の気持ちから，あるいは逆に，その人を自分たちの仲間から排除したいという，多くの場合利害のからんだ計算から，間違った情報の提供されることもけっして稀ではない」と指摘するように，とりわけ非専門家による第三者情報は，意識的・無意識的に歪められている可能性をも考慮すべきである（一方で木村は，医学的教育を受けていない家族や知人の「常識的」な感覚が，問題となっている人の「異常」をほぼ正確にとらえていることについて，「一驚に値する」とも述べているのであるが）。

6　心理アセスメントからセラピーへ
―― 見立て・ケースフォーミュレーション

　心理アセスメントが必要な理由は，セラピーの方針を立てることにあると先に述べた。この考え方は，医療の領域だけでなく，例えば司法・矯正領域の少年鑑別所で面接や種々の心理検査をもとに行われる心理アセスメントでも同様である。非行を働いた少年の処遇（少年院送致か保護観察かなど）を家庭裁判所で決定するための資料を提供するという役割だけでなく，少年のもつ心理的特徴を理解することで，矯正教育をどのように行えばよいかという見立て，具体的な指針を得る目的もある。

　それでは，心理アセスメントはどうすればセラピーへとつなげることができるのだろうか。心理アセスメントの作業を通して得られた情報は必ずしも統合されてはいない。個々の情報をセラピーに役立つ仮説へとまとめ上げたものは，「見立て」という言葉で呼ばれている。見立てと心理アセスメントの関係については，人によって定義が異なるかもしれないが，ここでは，現象の正確な把握とその背後にある心理学的要因を明らかにするために情報を得ようとする行為を「心理アセスメント」，得られた情報をもとに組み立てられた仮説的理解と介入の方針を「見立て」と呼ぶことにしておく。

　土居（1992）は見立ての要件として，「効果的な見立てとなるためには，患者の受診理由に出発しながら，それを生起せしめた背後の心理を，あたかも扇の要のごとく，というのは更にそこから遡って患者の全貌を探るための問題点として，把握するのでなければならないからである。しかもそこで問題として把握されたものが患者にとっても問題として理解されるのでなければならないのである」と述べている。つまり，何が起きているのかを，表面だけでなく背後にある問題を含めて理解し，クライエントに説明することで，セラピーにおける心理的課題をクライエントと共有するのである。

　土居は例えば次のような言い方で自分の見立てを患者に伝えている。「あなたはアル中（引用者注：アルコール依存症）になりはしないかと心配しているが，今急になる様子には見えない。といってもこの状態が続いていつかアル中にな

らないとは限らぬだろう。問題はしかし，アル中になるかならないかということにあるのではなく，アル中になりはせぬかと無性に心配している心配そのものだ。あなたはもともと心配性だったというが，実際に失敗を経験してからそれが嵩じたのだ。だから心配していることがあなたの病気だといえる」。

見立ては診断とは別物である。診断があらかじめ用意された分類箱の中に個々の患者を分類していく行為であるとすれば，見立てとはそのクライエントの個別性に立脚し，症状・問題行動や心理的特徴，そのほかの背景要因との絡みをストーリーとして，あるいは概念的な図式として表現することである。

ところで近年，ケースフォーミュレーション（case formulation）という言葉が使われるようになってきている。これは事例の個別的な定式化を指しており，「診断」と異なるケース理解が強調される用語である。これは内容的に見て，これまで日本の心理臨床において「見立て」の語で呼ばれてきたものとほぼ同じであると考えてよいだろう。これまで診断を中心に考えてきた精神医療の立場からは，ケースフォーミュレーションは新しい考え方なのかもしれないが，かねてより生物−心理−社会−実存的な見立てをしてきた臨床心理学の立場からすると，取り立てて新しい概念だという印象はない。ただし，それぞれの学派が個別ケースに応じてどのように見立て（ケースフォーミュレーション）をするのかという点が具体的に議論され，精緻化されていく動きは歓迎されるべきことだろう。

さて，見立てやケースフォーミュレーションは大切なことだが，それが真にセラピーに役立つためには，冷たい知的理解に終わってしまってはならない。例えば，あるパニック障害の男性は，子どもの頃から親夫婦の仲が非常に悪く，けんかが絶えず，居心地の悪さをずっと感じてきた。そして，高校卒業とともに，自分の家と決別して，親とは正反対の生き方をしようと決意したという。そのときは，決別することが自分にとって生きやすくなると感じたのであろう。しかしその一方で，親と正反対の生き方を選んだことが，親を見捨てたという罪悪感となり，大人になってから自分を苦しめることになったのである。また，親との関係を切ることで，親の否定的な面だけでなく，安全感をもたらしてくれていた肯定的な面まで切り捨てることになってしまったという側面もあった。みずからつくり出した人生の不連続のために，安全感の基盤が失われ，それが

パニック障害につながっているという図式がセラピーの経過の中で徐々に見えてきたのである。

　人は自分が生きやすくなるように工夫し，選択をしながら生きている。主体的に選択する場合もあれば，そうせざるをえないという消極的な選択の場合もあるだろう。主体的に選んだ場合でも，とりうる選択肢をいくつか並べ，その中から熟考したうえで選んだのではなく，2つの中からあまりよく考えずに選んだとか，たまたま1つだけ思いついた道を選んだということもある。そして，その選択が新たな，時にはより大きな苦しみを引き起こすこともある。もちろんその選択をしたときは，それしかないように感じられたのだとすれば，その選択を責めることは誰もできない。

　このクライエントも，苦しい体験をした後，自分の身を守るために，生きやすくなると思われる道を選択したのである。だが，後になって，その選択がつらい出来事を引き起こしてしまった。クライエントの側から見れば，何で自分にはこんなにつらいことが次々起こるのかとか，何をやってもうまくいかないといった思いでいることだろう。クライエントが変わっていくためには，そうした現実に振りまわされるような感覚や，自分としてはよかれと思ってやったことが裏目に出てしまったという現実を認めねばならないつらさに対して，共感を示すことが不可欠だろう。

　英語の assessment の語源は，「そばに座る」（to sit beside）の意をもつラテン語の assidēre であるという。心理アセスメントの場合，物理的にそばにいるだけでなく，心理的に寄り添う姿をイメージすべきだろう。心理アセスメントは，クライエントの心の苦しみへの共感的理解につながってこそ，セラピーに生かされるのだということを最後に強調しておきたい。

〔参考文献〕

◇　M. ブルック・F. W. ボンド（下山晴彦編訳）『認知行動療法ケースフォーミュレーション入門』金剛出版，2006
◇　松本真理子・金子一史編『子どもの臨床心理アセスメント——子ども・家族・学校支援のために』金剛出版，2010
◇　N. マックウィリアムズ（成田善弘監訳，湯野貴子・井上直子・山田恵美子訳）

『ケースの見方・考え方——精神分析的ケースフォーミュレーション』創元社, 2006
◇ 森田美弥子編『臨床心理査定研究セミナー』現代のエスプリ別冊, 至文堂, 2007
◇ 村瀬嘉代子・津川律子編『事例で学ぶ臨床心理アセスメント入門』臨床心理学増刊 4, 金剛出版, 2012
◇ 下山晴彦・松澤広和編『実践 心理アセスメント——職域別・発達段階別・問題別でわかる援助につながるアセスメント』こころの科学増刊, 日本評論社, 2008
◇ 津川律子『精神科臨床における心理アセスメント入門』金剛出版, 2009
◇ 氏原寛・成田善弘編『診断と見立て——心理アセスメント』臨床心理学 2, 培風館, 2000

——竹内健児

第 6 章　心理検査

1　心理検査の概要

◆ 心理検査の分類

　心理検査（心理テスト）とは，知能やパーソナリティ，その他の心理学的特性を明らかにする目的で作成された心理学的検査法である。現在では，対象とする心理学的特性，被検者（検査を受ける人）の対象年齢，施行方法，基礎となるパーソナリティ理論の違いなどから数多くの心理検査が考案され普及している。

　心理検査を目的別（何を測るか）に分類すると，大きくは，知的能力や発達の度合いを測るもの（知能検査，発達検査），パーソナリティを明らかにするもの（パーソナリティ検査），精神症状や不適応度を見るもの（精神症状検査）の3つに分類される（表6-1）。いわゆる知能検査はパーソナリティ検査に含まれないが，概念的に見れば知能はパーソナリティに含まれるのであり，知能検査によってパーソナリティを見ることもできるし，逆にパーソナリティ検査によって知的機能を推察することも可能である。

　形式別（測定方法別）に見ると，質問に答える形式の「質問紙法検査」，多義的な刺激を与え，それに対する反応の中に心の内面が映し出されるとする「投影法（投映法）検査」，作業課題を与えて達成度や遂行の様子を見る「作業検査法」がある。

表6-1 心理検査の分類

目的別	形式別	施行方法
知能検査, 発達検査 パーソナリティ検査 精神症状検査	質問紙法検査 投影法検査 作業検査法	個別式検査 集団式検査

施行方法から見ると,1対1で行う「個別式検査」と,複数の被検者に対して一斉に実施する「集団式検査」に分けられる。

◆ 心理検査の有効性

現在すでに多数の心理検査が考案され,また新しい検査も次々に開発されているが,これらの心理検査が有用かどうかを判断するにあたっては,信頼性と妥当性という観点から考える。

「信頼性」(reliability)は,検査の結果が一貫性をもち,安定していることを意味している。信頼性を測定するためには再検査法や平行検査法,折半法といった技法が用いられる(表6-2)。

「妥当性」(validity)とは,テストが測定しようとする心理学的特性を正しく測定しているかどうかを表す。すなわち,心理臨床の場では「知的能力を測定するために役立つかどうか」「入退院を決定するための参考資料として役立つかどうか」「自我の強さを測るために役立つかどうか」といったテストの目的と関連している。妥当性は,①内容妥当性,②基準連関妥当性,③構成概念妥当性,に大別される(表6-2)。

これらは心理検査の信頼性・妥当性を考える基準であるが,ある心理検査が心理アセスメントにとって有用であるかどうかを考える場合には,心理検査以外の方法で得られる情報以上のものがその心理検査によって得られるかどうかという「増分妥当性」(Korchin, 1976)も重要になってくる。検査の実施にあたっては,心理検査に伴う心理的負担や物理的負担(時間,労力,費用)を考慮してもなお,その検査から得られる情報が価値あるものだといえるかどうかを考えなければならない。

◆ 心理検査と心理アセスメント

心理検査は心理アセスメントの一手段であり,心理アセスメントの目的に応じて検査を選択し,目的に応じた結果を引き出さなければならない。心理検査

表6-2 信頼性と妥当性

信頼性（測定値の正確さ，精度）
・再検査法：同一の検査を間隔を置いて，同一人に二度実施し，2回の検査得点の相関を見る。
・平行検査法：質問内容も難しさも等しい2つの検査を同一人に実施し，両検査の相関を見る。
・折半法：同一検査内の問題を2群に分け，それぞれの問題群の得点の相関を見る。

妥当性（測定目的の達成度）
・内容妥当性：テストの測定内容・質問課題が測定対象を正しく測定しているかどうか，専門家の判断の一致度や同一目的の2種類の検査の相関などで見る。
・基準関連妥当性：すでに確定している別の基準との関連を見る。例えば適性検査と職務成績の相関，知能検査と学力検査の相関など。
・構成概念妥当性：心理学の中でつくられてきた構成概念（知能，外向性‐内向性，依存性など）を，どの程度測定しえているかを見る。

の施行に際して，検査者は，単なる検査の実施者としてではなく心理アセスメントを行うアセサー（査定者）として，検査の目的や利用のされ方，被検者にとっての意味を考え，検査実施の適否や検査の種類を判断する必要がある。既成の検査を手引きに従って実施し結果を算出するだけでは，心理アセスメントの目的は達成できない。

さて，心理療法の中で問題となるパーソナリティの構造や力動，知能，精神症状などの関連は非常に複雑なものであり，単一の検査でアセスメントを行うことは困難である。そこでいくつかの検査を組み合わせて「テスト・バッテリー」をつくり，各検査の結果を総合して解釈する方法が用いられる。情報量が多いほど豊かで精度の高いアセスメントが得られると考えられるが，検査の数が多いほど情報量が多いとは限らない。アセスメントの良否は検査の数によって決まるのではなくアセサーの解釈能力，パーソナリティ理解の能力にかかっている。

2　知能検査

◆ 知能と知能検査

知能という言葉は「頭の働き」や「頭のよしあし」といった意味で日常場面

でもよく用いられている。しかし「頭の働き」はじつに多様であり，「知能とは何か」という問いに対する確定的な答えはまだ出されていない。

D. ウェクスラー（Wechsler, 1939）は「知能を操作的に定義するならば，目的的に行動し，合理的に思考し，環境を効果的に処理する個人の総合的または全体的能力（capacity）である」としている。また，J. ピアジェ（Piaget, 1947）は「知能とは最高度の精神的適応であり，それは生活体の環境に対する活動と，その反対方向である環境の生活体に対する活動との均衡であり，主体と客体との間に行われる相互作用の均衡である」という。知能を最も広義にとらえたこれらの定義では，知能は人間の精神生活の中心と考えられている。しかし，心理療法においては，知能を精神機能の知的側面ないし知的機能として，より限定的に用いることが多い。

知的機能の中には認知，記憶，思考，判断などの能力が含まれる。知的機能は情緒や意志と並んでパーソナリティのあり方を規定する大きな要因である。したがって，知能の測定や知的機能の評価はパーソナリティ・アセスメントの重要な一部分であり，多種多様な知能検査が作成され利用されてきた。

ところで，知能検査は知能指数といった数値で結果が表されるために，あたかもその数値がアセスメントの最終結果であるかのように思われることがある。しかし，知能検査で測定された数値が，そのまま個人の知的潜在能力や学習能力を示しているわけではない。そもそも，知的能力のすべてを検査することは不可能である。このような限界をわきまえたうえで，測定された数値をもとに被検者の知的機能の全体像をイメージしていくことがアセスメントといえる。さらに，知的機能が現実に「生きた知能」として活用されるかどうかは，情緒的側面や意志的側面も含めたパーソナリティの全体的構造にかかっていることに留意すべきである。

◆ **知能検査の種類**

現在よく用いられている知能検査はビネー式知能検査，ウェクスラー式知能検査，集団式知能検査であるが，それぞれの検査が作成された状況や目的によって検査の特徴が生まれている。利用に際しては，各検査の特徴，有効性や限界を知り，対象や目的に応じて検査を選択する。

(1) **ビネー式知能検査**　フランスでは19世紀末に年齢段階制による義務

教育制度がつくられ，多くの子どもたちが教育の恩恵を受けることができるようになった。ところが義務教育では同年齢の子どもに同一の学習課題が課せられ，学習についていけない子どもも生じてきた。フランスでは落第制度があり，当時，連続して落第した場合は「精神薄弱」として義務教育課程から外された。しかし学習についていけなくなる原因には，子どもの情緒的問題や家庭環境，あるいは教師の教え方などいろいろ考えられる。そこで，1904年フランス文部省の委託を受けた心理学者A. ビネー（A. Binet）は医師T. シモン（T. Simon）らと協同し，知的成熟が不十分なために義務教育に適さない子どもを弁別するための検査の開発に取り組んだ。そして翌1905年，30問からなる世界で最初の知能検査「ビネー・シモン尺度」（Binet-Simon scale）を開発した。これがビネー法と呼ばれる知能検査の原型である。1908年の改訂では，児童の知能が年齢とともに発達してくることに着目し，知能発達の程度を精神年齢（MA：mental age）として表すようになった。つまり，精神年齢6歳3カ月とは，その児童の知能が6歳3カ月の児童の平均的発達水準と同レベルに達していることを意味している。

これを契機に世界各国で知能検査の研究が盛んになったが，なかでも1916年アメリカのスタンフォード大学のL. M. ターマン（L. M. Terman）はビネー法をもとに，「スタンフォード・ビネー知能検査」を作成し，知能を知能指数（IQ：intelligence quotient）で表示する方法を採用した。

日本でも現在2種類のビネー式知能検査が使用されている。1つは，1921年に鈴木治太郎が「スタンフォード・ビネー知能検査」をもとにして日本で標準化した「実際的・個別的智能測定法」（鈴木ビネー法）である（鈴木，1956）。この検査はその後改訂が重ねられ，最新版は2007年版の「改訂版鈴木ビネー知能検査」である。もう1つは田中寛一が1937年の「スタンフォード・ビネー知能検査 改訂版」をもとに日本人向きに標準化した「田中ビネー知能検査」で，1947年に初版が出ている。これもその後改訂が繰り返され，最新版は2003年出版の「田中ビネー知能検査V」である（中村・大川，2003）。

(2) ウェクスラー式知能検査　　ニューヨークのベルビュー病院で臨床に携わっていたウェクスラーは，成人の知能の把握に適した知能検査として，1939年に「ウェクスラー・ベルビュー知能尺度」（Wechsler-Bellvue intelligence scale）

を公表した。

　1949年には1939年の検査をもとに5歳0カ月〜16歳11カ月の児童を対象とした「WISC」(the Wechsler intelligence scale for children)が作成され、1955年には、16〜64歳の成人を対象とした「WAIS」(the Wechsler adult intelligence scale)が、さらに、1966年には3歳10カ月〜7歳1カ月の幼児を対象とした「WPPSI」(the Wechsler preschool and primary scale of intelligence)が作成され、ウェクスラーの知能観に基づく3種類のウェクスラー式知能検査が完成した。その後、WISCは「WISC-R」「WISC-III」「WISC-IV」、WAISは「WAIS-R」「WAIS-III」と改訂版が出され現在に至っている。日本版も改訂が重ねられ、2013年現在ではWAIS-IIIとWISC-IVが最新版である。

　ビネー法が知能を1つの統一体ととらえ、種々の知的機能の基礎にある一般知能の測定を目指したのに対して、ウェクスラー法では知能は多元的なものであるとし、知能の構造や因子別能力の測定を目指している。これにより、知能の個人間の差だけでなく、個人内の差（何が得意で何が苦手か）を明らかにできるようになった。具体的には、「全検査IQ」(FIQ：full scale IQ)のほかに、「言語性IQ」(VIQ：verbal IQ)と「動作性IQ」(PIQ：performance IQ)の2つの知能指数が算出される。言語性IQは言語的、聴覚的な課題に関する数値であり、動作性IQは運動的、視覚的な課題に関する数値である。

　WISC-IIIやWAIS-IIIでは、さらに群指数という4つの数値が算出されることになった。4つとは、WISC-IIIでは「言語理解」(VC)、「知覚統合」(PO)、「注意記憶」(FD)、「処理速度」(PS)であり、WAIS-IIIでは「注意記憶」(FD)の代わりに「作動記憶」(WM)が入る。これによって、より詳細なプロフィールが描けるようになった。VIQとPIQの差や4つの群指数間の差は「ディスクレパンシー」(discrepancy)と呼ばれ、15程度以上の差は発達にアンバランスが見られることを示唆する。

　WISC-IVになると、言語性IQと動作性IQが廃止され、全体的な認知能力を表す全検査IQ (FSIQ)と、4つの指標得点「言語理解指標」(VCI)、「知覚推理指標」(PRI)、「ワーキングメモリー指標」(WMI)、「処理速度指標」(PSI)が算出されることとなった。

　また、ウェクスラー法は当初より、ビネー法で用いられている精神年齢を廃

止し，各年齢ごとに集めたデータに基づいて，被検者をその年齢集団の中に位置づけるという偏差IQを採用した。そうすることによって，被検者の知的能力を同年齢集団の中で相対的に把握することができる（次項参照）。

ウェクスラー法はビネー法と並んで，心理臨床の場で最もよく用いられている知能検査法であるが，ともに検査者と被検者が1対1で行う個人検査である。個人検査ではその個人の知能指数のみではなくパーソナリティの側面を含めたアセスメントを可能にする豊富な資料を得ることができるが，施行に時間がかかり，多くの被検者を対象とすることが困難である。また，検査者と被検者の対人関係が得点に影響することもあり，検査者は検査に習熟すると同時に心理臨床家としての熟練も要求される。

(3) **集団式知能検査**　集団式知能検査の成立はウェクスラー式知能検査よりも早く，1917年，第一次世界大戦中，アメリカ合衆国において兵士の配置や選抜のために多くの人の知能程度を一度に把握する目的から考え出された。この前年に「スタンフォード・ビネー知能検査」が作成されていたが，ビネー法は1対1の個人検査で施行に時間がかかるため，この目的のためには役立たない。そこで，ターマンのもとで集団式知能検査の研究を進めていたA. S. オーティス（A. S. Otis）の試案が採用されることとなった。

アメリカ合衆国には英語ができない移民も多かったために，この検査（U. S. Army Test）には言語的問題で構成されているα式と，言語を必要としないβ式の2種類がある。大戦を通じ，この検査は百数十万人に施行されたという。

集団式知能検査は施行が容易で一度に多くの人に実施でき，個人知能検査との相関も高いことからその有用性が認められ，これ以後，多くの集団式知能検査が作成され，実用化されてきた。日本における検査の例としては，京大NXなどがある。集団式知能検査は現在の日本でも教育界や産業界などで，一度に多数の人間を対象とする場合に用いられることが多い。集団式知能検査はその成立事情から明らかなように，おおまかな知能水準の把握には優れた方法であるが，選抜のために用いられたり知能指数のみで知的優劣が判断されたりするといった問題も生じた。

◧ **知能検査と知能指数**

知能といえば知能指数という言葉がすぐに思い浮かぶが，知能検査の結果が

表6-3 知能指数の算出法

ビネー式知能検査の知能指数
$$IQ = \frac{精神年齢（MA）}{生活年齢（CA）} \times 100$$

ウェクスラー式知能検査の偏差知能指数
$$DIQ = \frac{15 \times （個人の得点 - 母集団での平均点）}{母集団での標準偏差} + 100$$

　知能指数として表示されるようになったのは1916年の「スタンフォード・ビネー知能検査」からである。それ以後はほとんどの知能検査で，結果を知能指数として表示する方法を採用している。しかし，いかなる知能検査でも知能のすべてを把握できることはなく，したがって知能指数がその個人の知的能力を完全に反映しているとはいえない。また，検査の標準化に使われた母集団の地域差や時代差によって基準点が異なってくるため，同一人物の知能指数が検査の種類によって違うことがある。知能指数とはあくまでもある特定の検査の結果であり，知的機能を知るための一資料である。

　ビネー法では精神年齢（MA）と生活年齢（暦年齢，CA：chronological age）の比が幼児期・学童期の範囲では比較的一定していることから，精神年齢と生活年齢の比を知能指数（IQ）と定めた（表6-3）。しかし知能は必ずしも年齢に従って直線的に発達するとはいえない。そこで，ウェクスラー法では精神年齢を用いず，同一年齢集団の平均からのずれによって個人の知能程度を表す。すなわち，ある個人の知的能力が同一年齢集団の中でどのあたりに位置するかを表示する偏差知能指数（DIQ：deiviation-IQ, 単にIQともいう）を用いている（表6-3）。集団式知能検査でもウェクスラー法と同様，同一年齢集団の中である個人の知能水準がどこに位置するかを表示する方法を採用している。

　なお，ビネー式知能検査の中でも，田中ビネー知能検査Ⅴでは，被検者が成人（14歳以上）の場合には，従来のIQではなくDIQが用いられ（表6-3のDIQの式の15を16にする），総合DIQの下に「結晶性領域」「流動性領域」「記憶領域」「論理推理領域」の4つの領域別DIQが算出されるようになっている。

◆ 発 達 検 査

　発達検査とは，子どもの精神発達の度合いを測定する検査である。その目的は，第1に発達の遅れや偏りが認められる子どもを早期に発見するためのスク

リーニングであり，第2に発達の遅れや偏りが認められた場合に，その発達の特徴を診断して，その後の療育のあり方を検討する資料とすることにある。スクリーニングの目的においては，乳幼児健康診査の場面でもよく用いられる。

知能検査との違いについては，第1に対象年齢の違いが挙げられる。ビネー法にしてもウェクスラー法にしても指示に従って何らかの課題に答える検査であり，検査可能な最少年齢は2〜3歳であるが，発達検査はそれ以前の乳幼児をも対象としている。第2に，それとも関連するが，測定される内容の違いがある。発達検査では知能面だけでなく，はいはいや歩行，手先の器用さなどの身体運動面，飲食・排泄や着衣などの生活面，他児との関わりなどの対人社会面の発達も含めた広い範囲の発達が対象とされている。発達の初期に関しては感覚運動的な発達を見る項目が多いが，それはA. ゲゼル（A. Gesell）やC. ビューラー（C. Bühler）らの発達研究が基礎になっている。

第3は測定方法の違いである。発達検査では，知能検査で一般的な，対象児に特定の課題を与えて直接観察する方法（直接検査）だけでなく，養育者に対する聴き取りによる方法（間接検査）もとられる。後者は，被検者となる乳幼児の検査時の心身の状態によって結果が左右されないという利点がある。

結果については，多くの検査で，発達年齢（DA：developmental age）や発達指数（DQ：developmental quotient）が算出される。発達年齢は，その子どもが何歳の定型的な発達水準に相当するか示すものである。発達指数は「（発達年齢÷生活年齢）×100」で示される。例えば直接検査である「新版K式発達検査2001」では，発達検査の結果は全領域の発達年齢のほか，「姿勢・運動領域」「認知・適応領域」「言語・社会領域」の3領域ごとに発達年齢が算出される。発達年齢や発達指数は，子どもの発達水準を把握するのに役立つ面はあるが，発達検査の目的は，発達年齢の算出自体よりも発達の現状を把握し，発達を支援するための手がかりを得ることにある。知能指数と同様，数値の算出が最終的なゴールなのではないことに留意すべきである。

また，発達検査の結果がその後の知能を予測できるかについては否定的な見解が多い。発達検査は，あくまでも検査時点での発達水準を示すものにすぎない。その時点で発達に遅れが見られた子どもがその後の成長過程において，急速に発達が進み他児に追いつく場合もあるので，発達年齢，発達指数を固定的

なものとしてとらえない態度が求められる。

　主な発達検査には，上記の「新版K式発達検査2001」のほか，「MCCベビーテスト」「改訂日本版デンバー式発達スクリーニング検査」「遠城寺式乳幼児分析的発達検査」「津守式乳幼児精神発達検査」などがある。

◆ 子どもを対象とした認知機能検査

　近年，ビネー法ともウェクスラー法とも異なった観点から知的機能を測る検査が登場している。1つは，A. S. カウフマン（A. S. Kaufman）とN. L. カウフマン（N. L. Kaufman）によって1983年に作成されたK-ABC心理・教育アセスメントバッテリー（Kaufman assessment battery for children）である。日本版は1993年に発行されている（前川, 2003）。この検査では，子どもの知的能力は，「認知処理過程」と「知識・技能の習得度」の二面から評価され，認知処理過程はさらに「継次処理」（入ってくる情報を1つずつ連続的に処理していく）と「同時処理」（いくつかの情報を全体として概観しながら処理する）に分けられている。どちらが得意かによって，特別支援を必要とする子どもへの働きかけの仕方を工夫することにつながる。

　もう1つは，J. P. ダス（J. P. Das）とJ. A. ナグリエリ（J. A. Naglieri）が1997年にアメリカで発行したDN-CAS認知評価システム（Das-Naglieri cognitive assessment system）である（Naglieri, 1999）。日本版は2007年に発行されている。ダスのPASS理論に基づく検査で，プランニング（P），注意（A），同時処理（S），継次処理（S）の4つの構成要素からなる。「プランニング」とは，提示された情報に対して，効果的な解決方法を決定したり，選択したりする認知プロセスであり，「注意」とは提示された情報に対して，不要なものには注意を向けず，必要なものに注意を向ける認知プロセスである。同時処理と継次処理は，K-ABCと同じである。とりわけ，プランニングについては，K-ABCでもウェクスラー式知能検査でも測ることができず，この検査の特徴をなしている。

3 パーソナリティ検査

◆ パーソナリティ検査の特徴

　パーソナリティ検査はある個人の「その人らしさ」をとらえることを目的とした検査である。もっとも知能検査で知能を完全に測定することができないように，いかなるパーソナリティ検査でもパーソナリティのすべてを把握することができないのは当然である。それゆえにかくも多数のパーソナリティ検査が作成されてきたといえるだろう。

　質問紙法と投影法では，刺激特性や反応の自由さなどの違いから，質問紙法がより意識的な領域を，投影法がより無意識的な領域まで含めて把握できるとされている。また投影法の中でも各検査によって反映される心理的水準は異なっている。

　パーソナリティ検査はさまざまな形で心理的葛藤や不安を刺激する。それまで無意識の領域に抑圧されていた葛藤や不安が心理検査によって喚起され，心の安定が乱される場合もある。特に，反応の自由度が高い投影法検査は心理的侵襲度も高く，実施にあたっては細心の注意を要する。また，質問紙法や知能検査も被検者によってはコンプレックスに強く触れる場合があり，投影法検査よりも心理的侵襲度が低いとは必ずしもいえない。

◆ 質問紙法パーソナリティ検査

　質問紙を用いた研究はすでに19世紀末のF. ゴールトン（F. Galton）やG.S. ホール（G. S. Hall）に見られるが，集団式知能検査と同様，第一次世界大戦（1914～1918年）を契機に発展した。多数の志願兵の配置に際して神経症者の鑑別や予知の必要性から，パーソナリティ傾向や情緒安定度を測定するためにR.S. ウッドワース（R. S. Woodworth）が作成した「個人資料票」（PDS：personal data sheet）が，現在用いられている質問紙法パーソナリティ検査の最初とされている。平時においては医師の診断によってなされるべきものであるが，多数の人間を短時間に把握するために問診の代用手段として用いられ，一応の成果を挙げた。これ以後さまざまな領域で質問紙法の検査が作成されるようになった。

(1) **MMPI**　パーソナリティをいくつかの要素の集合ととらえる特性論はアメリカ合衆国の心理学界の中で主流となっており，因子分析を中心とした統計学の発達と相まって特性論に基づく質問紙法のパーソナリティ検査が発達したが，1943 年に S. R. ハサウェイ（S. R. Hathaway）と J. C. マッキンレー（J. C. McKinley）によって発表された「MMPI」(Minnesota multiphasic personality inventory) はその中の代表格である。MMPI は精神医学的疾患単位（心気症，抑うつ症，ヒステリー，統合失調症など）の識別に有効な尺度の作成を目指したもので，元来は病院臨床において診断補助として用いられていたが，その後の研究で適用範囲は大幅に拡大され，診断的機能だけではなく，各尺度得点とプロフィールによってパーソナリティ特性を見る方向に変化してきている（表6-4）。1963 年に日本版が出され，1993 年には新たな標準化が行われた「新日本版」が出ている（野呂ら，2011）。アメリカ合衆国では使用頻度の高い検査であるが，日本ではさほど高くない。550 項目という質問項目の多さも一因であろう。

(2) **YG 性格検査**　1940 年から 1943 年にかけて，J. P. ギルフォード（J. P. Guilford）は H. G. マーチン（H. G. Martin）らとともに，特性論に基づいた「ギルフォード人格目録」「ギルフォード・マーチン人格目録」「ギルフォード・マーチン人事目録」の 3 種の性格検査を作成した。さらに，1949 年にはこの 3 種の性格検査を統合し 300 項目からなる「気質概観検査」を作成した。

　これらギルフォードの性格検査をもとに，矢田部達郎，園原太郎らが日本人を対象に標準化し，各 12 項目からなる 13 尺度の性格検査を作成した。これが「矢田部・ギルフォード性格検査」(YG 性格検査) の母体である。1965 年に辻岡美延が矢田部らの作成した検査を各 10 項目 12 尺度に改訂した「新性格検査法──Y-G 性格検査」を発表し，現在に至っている（辻岡，2000）（表6-4）。

(3) **TEG**　TEG（東大式エゴグラム）は，アメリカの精神科医 E. バーン（E. Berne）が創始した交流分析理論に基づく質問紙法パーソナリティ検査である。バーンはその理論の中で自我状態には「親らしさ」(Parent：P と略)，「大人らしさ」(Adult：A)，「子どもらしさ」(Child：C) の 3 つの要素があるとした。バーンの弟子である J. M. デュセイ（J. M. Dusay）は，P と C をそれぞれ CP と NP，FC と AC に二分し，5 つの要素からなる心の分析法を開発した

表6-4 MMPI, YG性格検査, 新版TEGIIで測られる尺度

MMPIの臨床尺度	YG性格検査	新版TEGII
第1尺度：Hs（心気症尺度）	D尺度（抑うつ性）	CP（批判的な親）
第2尺度：D（抑うつ尺度）	C尺度（回帰的傾向）	NP（養育的な親）
第3尺度：Hy（ヒステリー尺度）	I尺度（劣等感）	A（大人）
第4尺度：Pd（精神病質的偏倚尺度）	N尺度（神経質）	FC（自由な子ども）
第5尺度：Mf（男性性・女性性尺度）	O尺度（客観性）	AC（順応した子ども）
第6尺度：Pa（パラノイア尺度）	Co尺度（協調性）	
第7尺度：Pt（精神衰弱尺度）	Ag尺度（攻撃性）	
第8尺度：Sc（統合失調症尺度）	G尺度（一般的活動性）	
第9尺度：Ma（軽躁病尺度）	R尺度（呑気さ）	
第0尺度：Si（社会的内向性尺度）	T尺度（思考的外向）	
	A尺度（支配性）	
	S尺度（社会的外向）	

（表6-4）。それが「エゴグラム」である。日本でもいくつかのエゴグラムが開発されているが，その中でもよく用いられるのが東京大学医学部心療内科TEG研究会が開発・作成したTEGである。1984年に初版が刊行され，その後の改訂を経て，現在は2006年の「新版TEGII」が最新版となっている（東京大学医学部心療内科TEG研究会，2006）。項目数は53問，実施時間は10分程度と簡便な検査である。また，5つの要素が棒グラフに示され，被検者がそれをもとに自己理解を深めるだけでなく，これから自分の中のどの要素を開発していけばよいかという方向性を考えるのに役立つ。こうした点がこの検査の長所であり，テスト・バッテリーの1つとして用いられやすい理由といえる。

◆ 投影法検査

投影法検査は，S.フロイト（S. Freud）の精神分析学やC.G.ユング（C. G. Jung）の分析心理学を基盤にした，力動的なパーソナリティ理論を背景にもっている。そのため，ユングの「言語連想検査」(1905)や「ロールシャッハ・テスト」(1921)など投影法検査の源流ともいえる検査はヨーロッパでつくられているが，1930年代にナチスから逃れる形でユダヤ人を中心とした多くの精神分析学者がアメリカに移住するにつれ，アメリカにおいてもパーソナリティの力動的理解が発展し，数々の投影法がつくられることとなった。

現在日本でよく用いられている投影法検査はロールシャッハ・テスト，TAT，P-Fスタディ，SCT，描画法である。

(1) ロールシャッハ・テスト　1921年，スイスの精神科医H.ロールシャッハ（H. Rorschach）は主著『精神診断学』の中で，ロールシャッハ・テストを発表した（Rorschach, 1972）。被検者はインクのしみが印刷された10枚の図版を順に見せられ，それが何に見えるかを答えていく。その後再び同じ10枚の図版を順に見せられ，どの部分がどのような理由で見えたのかを問われる。インクのしみを何かに見立てる遊びは古くからあり，また，連想や想像過程の研究素材として使われてもいたが，ロールシャッハの方法は被検者が「何を」見たかよりは「いかに」見たかに注目し，その見方の様式を通してパーソナリティをとらえるという画期的な試みであった。反応はすべて記号化され，数量化される。それに基づいた量的な分析とともに，反応を順に見ていき，その背後に流れているクライエントの心の動きを理解する系列分析も行われる。

ロールシャッハは発表の翌年38歳で夭折したが，ロールシャッハ・テストはその後多数の研究者が分析方法や解釈仮説を発表し，とりわけ力動的心理学が盛んになったアメリカにおいて投影法テストの中心として発展した。日本でもパーソナリティの力動的理解のための検査として最もよく用いられている。しかしテストの施行には熟練を要し，臨床的に有効な解釈を行うためにはパーソナリティについての深い理解が必要であり，最も使用の難しいテストでもある。日本における分析法としては，とりわけ片口法（片口, 1987）と包括システム（エクスナー, 2009）が用いられることが多いが，その他に名大法，阪大法などがある。実施法や解釈法については，片口（1993），岡部・菊池（1993），中村（2010）などの文献がわかりやすい。

(2) TAT　1935年，ハーバード大学のH. A. マレー（H. A. Murray）とC. D. モルガン（C. D. Morgan）はTAT（Thematic Apperception Test：主題統覚検査）を発表した。TATはロールシャッハ・テストと並んで投影法検査の代表格であるが，ロールシャッハ・テストがヨーロッパの精神医学に源があるのに対し，TATはアメリカのハーバード大学の学生を被検者とし，パーソナリティ研究の道具として心理学の中から生まれてきた。

TATでは被検者は人物の表情や行動などが曖昧に描かれている図版を1枚ずつ見せられ，「絵を見て物語をつくってください。いままでどんなことがあって，いまどうなっていて，これからどうなるかを含めて1つの物語にしてく

ださい」と求められる。それが被検者によって数枚から最大20枚の範囲で繰り返される。検査者は，つくられた物語を被検者の欲求や衝動，外界圧力の認知，主要な関心事や葛藤，葛藤解決の仕方などの観点から解釈していく。

TATもロールシャッハ・テストと並んでパーソナリティの比較的深層にアプローチする投映法検査であるが，ロールシャッハ・テストからはパーソナリティの構造と機能に関する情報が得られるのに対し，TATからは被検者の内的世界のありようをより生き生きと把握でき，対人関係的側面を評価しやすい。実施方法や解釈法については，坪内（1996），鈴木（1997），安香・藤田（1997）の文献にくわしい。

(3) **P-Fスタディ**　P-Fスタディ（Picture-Frustration Study）は，1948年にアメリカの心理学者S. ローゼンツァイク（S. Rosenzweig）が考案したパーソナリティ検査である（Rosenzweig, 1978）。被検者は，人物が2人以上描かれ，左の人物が何かを発言するという状況が描かれた線画を見せられ，右側の人がそれに対して何と答えるかを吹き出しの中に書き込む。そうした場面が24あり，順番に回答していく。場面は右側の人が何らかの形で欲求不満を覚える場面であり，それにどのように対処するかにパーソナリティが現れるというのを基本原理にしているため，別名「絵画欲求不満テスト」とも呼ばれる。状況はいくぶん曖昧で，どのような状況と見るかにすでに被検者の内面が現れる。

実施時間は20分程度で，投影法の中では比較的簡便な検査である。解釈としては，まず反応を場面ごとに，アグレッション（攻撃）の方向とアグレッションの型の2つの観点から記号化し，24場面を通して量的に分析するほか，場面をどのように認知したかを問うこともある。欲求不満への対処という目的のため，非行臨床の場でよく用いられるほか，対人態度を広く見る検査として，その他の領域でも用いられることの多い検査である。実施方法や解釈については，秦（2010）などが参考になる（コラム6-1も参照）。

(4) **SCT**　SCT（sentence completion test：文章完成法）では，被検者は「本を読むと」や「私が知りたいことは」といったように文章のはじめの言葉（刺激文）を提示され，それに続けて自由に文章を完成させることを求められる。当初は，ドイツの心理学者H. エビングハウス（H. Ebbinghaus）が知的統合能力を測るための道具として1897年に考案したものである。その後アメリカで

【コラム6-1● P-Fスタディの系列分析】

　P-Fスタディは記号化して量的分析ができる投影法検査であるが，解釈する際，筆者は，急いで記号化する前にまず24の反応を順番に声に出して読んでみる。それも次々に読むのではなく，1場面ごとに心の中で被検者と対話しながら読んでいく。いわばセラピーの場面において，〈こんな場面があったとしますね。その場合何と言うでしょうね〉とクライエントに尋ね，「うーん，＊＊＊って言うと思います」とクライエントが答えたら，〈ほう〉と応じるかのように，被検者と仮想の対話をするのである。すると，"そんなふうに言うのか"とか，"えっ，そっち？"とか，"それだけ？"とか，"そこまで？"といった感覚を覚えるかもしれない。その感覚をさらに言葉にしていくと，"「大変だ」だけ？ 自分の意見は？ 言えないの？ 言ってはいけないと思うの？ 何て言ったらいいかわからないの？ うろたえてしまったのかな？"とか，"謝るだけではすまないんじゃないかな。行動を起こした方がいいように思うけど……"とか，"そこまでしようとしてくれなくても，謝ってくれるだけで十分"とか，"そこまで言わなくても"とか，"そうそう，それくらいは大丈夫だよね"といった感情が湧いてくるかもしれない。

　このように仮想の対話を24場面にわたって順に進め，自分の中に湧き起こってくる感情をモニターしていくと，検査者の中に被検者についてのイメージがまとまりをもって浮かび上がってくる。そしてそれを後で行われる記号化による量的な分析結果と比較してみるのである。

　前半と後半での反応傾向の変化を見る「反応転移」という指標はP-Fスタディの醍醐味であるが，前後半で二分するだけでなく，24場面の反応を順に追って「系列分析」をしてみると，被検者のパーソナリティに対する理解は，より立体的なものになるだろう。

(竹内)

　1928年に，A. F. ペイン（A. F. Payne）が職業指導上の一方法としてパーソナリティとの関係を調べるなど，SCTは徐々に発達してきた（佐野・槇田，1972）。検査の実施にはある程度の知的能力，言語表現能力が必要である。

　刺激文はある意味で検査者からの問いかけであり，それに対して被検者が自由に答えるという形式をとることから，対話型の面接に最も近い検査だといえる。刺激文は検査者が自由に設定できるが，日本でよく用いられる「精研式文章完成法テスト」では，パーソナリティや現在の心理的問題，家族状況や生育史，職場や学校といった広範囲な領域について設問している。

　文章完成法では被検者の意識的な自己像や家族像，対人関係や現在の状況をどう認知しているかが把握でき，被検者自身の言葉で被検者の体験世界を再構

表6-5 主な描画法パーソナリティ検査

検査名	考案者	発表年	描画課題
HTPテスト	J. N. Buck	1948	家屋→樹木→人物
DAP	K. Machover	1949	人物
バウムテスト	K. Koch	1949	樹木
家族画法	W. C. Hulse	1952	被検者自身の家族
風景構成法	中井久夫	1969	順に提示される10のアイテムを描き1枚の風景画とする
動的家族画法	R. C. Burns & S. H. Kaufman	1972	自分自身を含めて家族が何かをしているところ

成する資料を幅広く得ることができる。しかし標準化された結果の処理方法や解釈方法はなく、他の投影法以上に検査やテストという一般概念からは遠いものである。なお、「構成的文章完成法」(K-SCT) では、36項目からなる刺激文を「対人態度」「反応様式」「問題の原因」「願望」の4領域から構成するとともに、反応文を記号化する方法がとられている（片口ら, 1989）。

(5) 描画法　1926年に発表されたF. L. グッドイナフ (F. L. Goodenough) の人物画テストは、当初知能検査として考案されたが、1948年 J. N. バック (J. N. Buck) は人物だけでなく、家屋 (house)、樹木 (tree)、人物 (person) の3つの絵を描かせる「HTPテスト」に発展させ、知能とともにパーソナリティとの関係を明らかにしようと試みた。また、1949年にはK. マコーバー (K. Machover) が人物画を被検者の身体像の表現としてとらえる見方を発表し (Machover, 1949)、K. コッホ (K. Koch) は「樹木画」を心の投影としてとらえた (Koch, 1957)。樹木画は、日本ではコッホの流れを汲んでバウムテストという呼び名のもとに施行されることが多く、使用頻度も高い。

このように1940年代の後半以降、描画法は知能検査としてだけではなくむしろパーソナリティの投影法検査として考えられるようになり、1950年代に入ると家族関係をとらえるための家族画や動的家族画、あるいは家の見取り図を描かせるなどさまざまな変法が生まれ、検査としてだけでなく治療法としても用いられるようになってきた（表6-5）。

描画法検査は、非言語的な方法で心を表現する方法として優れているが、絵

を描くことに苦手意識の強い人には（上手下手を見るものではないとはいえ）抵抗感が強いことには配慮が必要である。

◆ 作業検査

作業検査の1つである「内田クレペリン精神検査」は，精神医学者E.クレペリン（E. Kraepelin）の連続加算の作業曲線についての研究にヒントを得て，内田勇三郎が1923年に作成したものである。被検者には1ケタの数字を連続して加算する課題が与えられる。検査者は1分ごとの作業量を求め，これを図示して「作業曲線」を描く。性格面・適性面に大きな偏りのない健康な人に典型的に現れる作業曲線を「定型曲線」と呼び，そこからの逸脱度を調べる。また，正確性も重視される。この検査で測られるのは，集中力の持続，気分の変動，心理的エネルギーの多寡，精神的緊張の度合いなどのパーソナリティ特性であり，職業適性を見る目的でも用いられる。

4 精神症状検査

前章で述べた「不適応状態のアセスメント」に対応する心理検査をここでは「精神症状検査」と総称しておく。その目的は，精神的な不適応状態にある人のスクリーニングや，不適応状態にある人の状態像（程度）やその変化の把握にある。

ここでは紙幅の都合上，簡単に検査の名称を挙げるにとどめる。まず，心身の状態を全体的に把握するのに適した質問紙法検査に，CMI健康調査表（Cornell medical index）とGHQ精神健康調査世界保健機構版（GHQ：The general health questionnaire）がある。不安の度合いを測るには，MAS不安尺度（Manifest Anxiety Scale）と新版STAI状態-特性不安検査（state-trait anxiety inventory）が，うつ状態を測るには，SDSうつ性自己評価尺度（self-rating depression scale），BDI-IIベック抑うつ質問票，CES-Dうつ病（抑うつ状態）自己評価尺度がよく用いられる。アルコール依存症のスクリーニングには，新久里浜式アルコール症スクリーニングテストがある。認知症のスクリーニングにはMEDE多面的初期認知症判定検査，MMSE-J精神状態短時間検査日本版，HDS-R長谷川式認知症スケール，時計描画テストなどが，脳器質障害の鑑別

やリハビリテーションに関連する領域では，BGT ベンダー・ゲシュタルト・テスト，BVRT ベントン視覚記銘検査，日本版 RBMT リバーミード行動記憶検査，BADS 遂行機能障害症候群の行動評価などが用いられる。自閉症児の発達機能を評価する検査としては，「日本版 PEP-3 自閉症・発達障害児 教育診断検査」「精研式 CLAC-II・III」などがある。

〔参考文献〕
- ◇ 上里一郎監修『心理アセスメントハンドブック（第2版）』西村書店，2001
- ◇ 皆藤章編『臨床心理査定技法2』臨床心理学全書7，誠信書房，2004
- ◇ 小山充道編『必携 臨床心理アセスメント』金剛出版，2008
- ◇ 松原達哉編『臨床心理アセスメント』丸善出版，2012
- ◇ 長尾博『図表で学ぶ心理テスト――アセスメントと研究のために』ナカニシヤ出版，2012
- ◇ 高石浩一・谷口高士編『心理学実習 基礎編』培風館，2006
- ◇ 氏原寛・岡堂哲雄・亀口憲治・西村洲衞男・馬場禮子・松島恭子編『心理査定実践ハンドブック』創元社，2006
- ◇ 山中康裕・山下一夫編『臨床心理テスト入門――子どもの心にアプローチする（第2版）』実践保健臨床医学双書5，東山書房，1998

――竹内健児・山下一夫

第 7 章　心理検査の臨床的活用

1　心理検査を用いた心理アセスメントの過程

　第6章ではさまざまな種類の心理検査を学んだ。だが，臨床心理の現場でそれらの心理検査を実際に使おうとすれば，その知識があるだけでは足りない。「臨床心理実習」の授業で学生同士で検査をとり合うときならば，いきなり心理検査用紙を被検者の目の前に置き，型通りの教示を読み上げて，「さあやってみましょう」と言えばそれで実施できるかもしれないが，現場では実施に至るまでの過程が必要である。また，実施した後も検査結果を支援につなげることが求められる。心理検査を用いた臨床心理アセスメントの流れを筆者（竹内, 2009）は，表7-1のように6段階にまとめている。心理検査を臨床の現場で使うということは，これらの過程を配慮を重ねながら1つずつ丁寧に行っていくことなのである。

表7-1　心理検査を用いた臨床心理アセスメントの流れ

①　実施の発案：セラピストみずからの発案や他スタッフからの依頼，クライエントからの希望による
②　実施の計画：目的の明確化，検査の選定，検査の予告・予約
③　検査の実施：導入・説明，実施，検査に取り組む際のクライエントの行動の観察
④　結果のまとめ：データの整理，心理学的理解，所見・資料作成
⑤　結果の伝達：クライエントや家族へのフィードバック，他スタッフへの報告
⑥　検査結果の活用とその検証：その後の支援・治療・処遇にどう生かすか，実際にどのように生かされたのか

2 心理検査場面のつくり方

　ここでは，心理検査場面のつくり方，すなわち，表7-1の過程の①〜③について考える。個人検査場面では個人心理療法の場面と同様，被検査者と検査者の人間関係が非常に大きな役割を果たす。鈴木ビネーやWAISのような知能検査では，検査者の態度（冷淡で権威的か，温かく援助的か）が成績に影響するので，被検査者が最大限の能力を発揮できるような場をつくり上げなければならないし，パーソナリティ検査では被検査者が最も自分らしく振る舞える場を提供しなければならない。検査者は検査の技法に習熟しているだけではなく，被検査者との間でそのような検査場面をつくり上げる能力を身につける必要がある。

◆ 検査者とセラピストは同一の方がよいか

　心理職の仕事は，学校，児童相談所，大学の相談室，病院，各種のクリニックなど多岐にわたるし，同種の職場であっても，その職場の個性ゆえに，心理職の働き方は異なってくる。例えば，精神科クリニックに勤務している場合でも，検査者とセラピストのどちらに多くの比重がかかるかは職場によって異なる。そして，最初に検査者として関わった患者とその後カウンセリングを継続することもあれば，カウンセリングを継続している患者について医師から心理検査のオーダーが入ることもある。検査場面と治療場面の対人関係は質的に異なるものであり，検査者としてクライエントと会うときと，セラピストとしてクライエントと会うときはおのずと取り組む姿勢が異なってくる。同じ人物（心理職）が異なる姿勢で関わってくることに，戸惑いを覚えるクライエントもいることだろう。

　そこで，検査者とセラピストの役割を明確に分け，心理検査は原則としてセラピストとは別の人間が担当すべきであるという立場がある。これだとたしかにセラピストは二重の役割をとらず，セラピストとしての役割に専念できるし，クライエントにとっても混乱せずに済むかもしれない。しかし，心理臨床の現場では心理職がそもそも1人しかおらず，検査者とセラピストを分けようにも分けられず，同じ人にならざるをえない場合も少なくない。それならば，検査とセラピーを同じ人間が担当することのマイナス面を考慮しながらも，それを

マイナスとだけとらえるのではなく，プラスの面を生かす方向で考えた方が建設的であろう。検査者とセラピストが同一人物の場合，検査場面と治療場面に大きな断絶はなく，被検者への説明や結果のフィードバックは直接的である。セラピストの中に検査者としての視点とセラピストとしての視点の葛藤が起こることもあるが，工夫次第では心理検査を心理療法に結びつけやすい利点もある。河合（1999）は「重篤なクライエントの場合，治療者が適切に客観性をもって接してくれる方が，かえって安心を感じることもある。病的なクライエントであるから，治療者がテストをすることによって関係が悪化すると決めこまないことである」と指摘している。

　そもそも，たとえ別の人間が担当したとしても，同じ臨床現場のスタッフであり，クライエントにとってはセラピスト側の人たちである。医師と臨床心理士であれ，判定員と相談担当者であれ，とりわけはじめて治療・相談機関を訪れたクライエントにとってその役割の違いは明確ではない。むしろ検査の結果は当然セラピストに報告されているはずであり，検査者とセラピストが別の人間であっても，「心理検査を受けた」という体験がセラピスト・イメージに及ぼす影響を消すことはできないだろう。同一であること，あるいは別の人間であることを，一般論としてではなく，当該のクライエントにどのように見えているかという視点から検討することが必要である。

◆ 検査者として

　セラピストあるいはそれに類する第三者からの依頼によって検査を行う場合，検査者は検査をする人に徹することになる。被検者は「心理検査を受けるために」検査者のもとにやってくるのだが，このとき，被検者が「どのような気持ちでいるか」「心理検査についてどのような先入観をもっているか」に配慮しなければならない。被検者に尋ねると，心理検査の依頼者からは「心理検査を受けるように」という指示を受けたのみで，心理検査の目的や意味などを伝えられていないことがよくある。例えば医師にすれば，血液検査や尿検査，心電図や脳波やCTスキャン，その他のさまざまな検査を依頼するのと同様に，単に精神的側面を測る道具として，「心理検査も受けておいてください」という指示を与えているのかもしれないが，心の中を探る検査に対しては，それだけ抵抗が強く出ることは配慮しておかなければならないだろう。みずから心理検

査を受けてみたいと希望した場合はともかく，否その場合であっても，多くの被検者は心理検査の具体的内容はわからず，それゆえに強い不安や恐れを抱いているし，時には逆に過剰な期待を抱いて心理検査にやってくる。検査者は被検者の検査に対するそうした不安や疑念，過剰な期待を受け止め，目的や意義について十分に説明しなければならない。検査者に対して向けられる攻撃性や依存性を適切に処理しなければならないこともあるだろう。検査者にとっては繰り返し行っているあたりまえのことであっても，被検者にとってははじめて経験することだということも忘れずにいたい。

医師から心理検査の依頼が出されているが，被検者本人は「検査を受けたくない」と思っていることもある。被検者の意志を無視して心理検査を施行しても意味がない。そればかりか被検者の心を傷つけたり，医師や検査者に対する反感や敵意を強め，頑なにするといった否定的結果を招きやすい。検査の必要性を十分に説明したうえで，それでも拒否的な場合は，依頼された検査を機械的に施行するよりも中止した方がよいこともある。あまり心理検査に通じていない医師が，「情報は多いほどよい」とばかりに非常に多くの検査を指示してくる場合もあるが，その場合もそれをただ受け入れるのではなく，クライエントの負担を考えて適切な数の検査に絞り込むことが望ましい。ただし，医師への事前の相談ないし事後の報告は必須である。

ここでは，筆者（山下）が病院で心理検査を実施する場合を参考までに挙げておく。まず，「臨床心理士の△△です」と自己紹介から始めることにしている。こちらが名乗るとハッとして視線を合わせ，「○○です。よろしくお願いします」と答える人が多い。ほとんどの被検者はすぐに検査者の名前を忘れてしまうが，この最初のコンタクトが成功すると検査場面の緊張はかなり低下する。次に「主治医のA先生からあなたの治療に役立てるために心理検査を依頼されたので，今日来ていただきました」と告げる。場合によっては「復職を希望されているようですが，その際の資料にしたい」といった具体的な目的を告げることもある。

そして，だいたいどれくらいの時間がかかるかを伝える。さらに，「もし検査を受けるのが嫌であったり，途中で苦しくなったり，トイレに行きたくなったりしたら言ってください。中止することもありますし，休憩を入れてもいい

ですから」と話す。テスト・バッテリーを組んでいくつかの検査を同時に施行すると検査時間は長時間に及ぶ。検査者にとっては予定の時間でもはじめての被検者にとっては途方もなく長く感じられる。時間的な予測があればその時間内は覚悟を決めて課題にとりかかれるだろう。もっとも，焦燥感が強く時間予測が支えにならない場合もよくあるが，その場合はそれとして被検者の作業能力や精神的安定性の評価の資料となる。

場合によっては検査前に主訴や家族のこと，これまでの経過などを尋ねたり，「心理検査を受けるように言われてどう思ったか」を話し合うこともある。相談に訪れたらいきなり検査にまわされた場合などは検査に対する不安も高く，このような話し合いが必要である。ただ，いままでに何度も同じ話を繰り返してきている場合や，すでに検査への心構えができている被検者には冗長に感じられるかもしれない。また，あまり根掘り葉掘り尋ねて不安を増大させたり，強い転移を起こさせたりしないように注意しなければならない。

◆ **検査者がセラピストと同一である場合**

セラピストと検査者が同一の場合はどうだろうか。この場合，セラピストはクライエントに検査を実施したいと伝え，了承を得るところから始まる。個々の検査の説明の前に，心理検査をするということを説明する必要がある。

筆者（竹内）は例えば次のような言い方をする。「○○さんとのカウンセリングを進めていくためには，まず○○さんのことをよく知る必要があります。もちろんこうやってじっくりと話を伺っていくということが一番よい方法なのですが，補助として検査をさせてもらうことがあります。結果についてはお知らせします。その結果を一緒に話し合うなかで，○○さんが自分について気づかれることもあると思います。そこで，ひとつ検査をしてみたいのですが，よろしいでしょうか」。あるいは，セラピーの目的がすでにある程度絞られている場合には，それとつなげながら伝えることもできる。「ここに来られた目的は，不安を軽減したいということでしたね。すると，どんな不安をどのような場面でどれくらい抱くのかといった，○○さんの不安の性質をまずはしっかりと押さえておく必要があると思うんです。そこで，心理検査を行って，不安の特徴を把握したいと思うのですが，いかがでしょうか」。もちろん，このような心理検査への導入の言葉や説明はケース・バイ・ケースであり，クライエン

トに応じた創意工夫が必要である。

　このように伝えた後のクライエントの反応はさまざまである。話すだけでは物足りなく感じていた人は，検査を受けることを歓迎するかもしれない。一方，あまり気乗りしない人，警戒する人，どのような検査かを聞いてから判断しようとする人もいる。

　初回面接で検査を行うこともあれば，数回，あるいはそれ以上の回数の面接が進行してから，必要に応じて検査を行うこともある。ごく初期の段階で，ともかく大きな方向性を探るために検査をするのもひとつだが，話を聞くなかで，攻撃性が問題になってきたり，不安の性質を検討する必要性を感じたり，知的側面の確認が必要だと判断したりした場合に，それにふさわしい検査を実施するのである。セラピーの途中で心理検査を用いるとセラピーの流れを阻害し関係を歪めるので，検査はセラピーの初期に行うべきであるという主張もあるが，必要ならどの時期であってもかまわない。

　むしろ，セラピーの流れを阻害するどころか，検査をすることが行き詰まった治療関係を打開しセラピーの進展をもたらすこともある。角野（1999）は「Bとの精神療法のなかで，治療者─患者との二者関係だけで治療を進めていったのではあまり効果がなかったのではないかと思う。Bは筆者に信頼関係を強めていったが，それと同時に筆者への依存関係をも強めていった。そのときに治療へもう一段階進めることができたのは，風景構成法を導入したことであったのではないかと思う。風景構成法は少しずつ行き詰まってきていた治療的二者関係を，描画という第三のものを与えてくれたことでより有効に治療的三者関係を形成することができた。それがBをして治療者への依存関係を防ぎ，自分を客観的に治療者とともに見つめることができたように思う」と述べている。

　もちろん，セラピーの途中でセラピストの不安が高まり，そこから逃げ出すために心理検査を使うというような態度では，クライエントとの信頼関係は一度に崩れてしまうだろう。要は，あくまでも心理療法に役立つような心理検査の使い方になっているかどうかである。

表7-2 臨床心理検査の生かし方

| ① セラピストのクライエント理解を深める（見立てと方針）
| ② クライエントの自己理解を深める（クライエントへのフィードバック）
| ③ スタッフによるクライエント理解を深める（依頼者・スタッフへの報告）
| ④ 検査結果に基づいて明確化され，セラピストとクライエントの間で共有された課題の進捗状況を確認する（変化のアセスメント）
| ⑤ 検査のフィードバックによってセラピーの継続へと動機づける（セラピーへの動機づけ）
| ⑥ 心理検査自体をセラピーを進める道具として活用する（セラピーのツール）

3 心理検査の臨床的活用

　心理検査は心理アセスメントの一手段であり，心理アセスメントは心理療法の最初の重要な一歩であるが，ここではより直接的に心理検査と心理療法の関係，およびその臨床的活用について考えてみよう。これは表7-1の④～⑥に該当する。
　筆者（竹内，2009）は，心理臨床場面での心理検査の活用の仕方を6つにまとめている（表7-2）。この分類に沿って，心理検査の活用について考えてみよう。

◆ セラピストによるクライエント理解の深化

　心理療法はクライエントの心の旅である。セラピストはその旅に同行しようとするが，最初から目的地や行程がはっきり定められているとはいいがたい。旅立つ前に，おおよその目安と安全確認のために，心理検査をしたり，本人との面接や親近者からの情報をもとに心理アセスメントを行う。もし，セラピストが話を聞くだけでクライエントのことをよく理解でき，信頼関係が築かれるならば，①を目的とした心理検査は必要ないかもしれない。むしろ，心理検査をせずに，信頼関係のもとにクライエントのことをよく理解しようと努める方が治療的である場合も少なくない。
　しかし，クライエントのことをよく理解し，わかっているつもりでも，固定した見方になっていたり，盲点があったりする。そのようなとき，心理検査は新しい視点や再検討の資料として役に立つ。また，セラピスト自身が「大丈夫かな，これでいいのだろうか」とクライエントの病理や処遇方法に不安や迷い

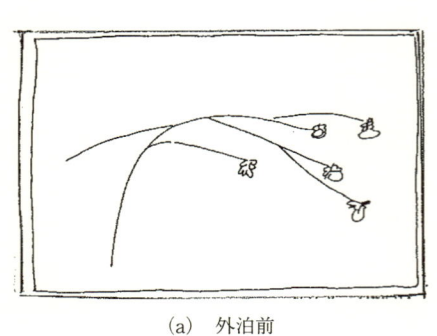

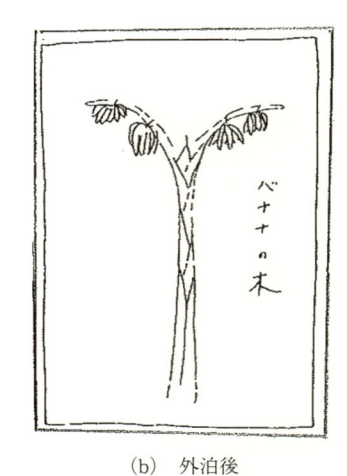

　　　　　(a) 外泊前　　　　　　　　　(b) 外泊後
　　　　　図7-1　A氏の枠づけバウム

を感じる場合，心理検査を実施することによって，クライエント理解の枠組みやある程度の方向性が見出せると，セラピストの心に余裕が生まれる。セラピストの心の安定と余裕はセラピーの重要な要素である。

【症例　A氏】(山下，1983, 1998)
　精神科に入院しているA氏は，病院内ではかなり落ち着き，はじめて外泊することになった。しかし，家族とうまくいかなかったらしく，不機嫌な様子で病院に戻ってきた。今回の外泊をどう評価するか，今後も外泊を続けていくかどうかを考えるために，外泊前と外泊後のバウムテストを比較したところ，むしろ外泊後の方がエネルギー，コントロール力ともに良好であった（図7-1）。看護師によると，「外泊してメガネを買い替えられた」と喜んでもいるので，バウムの変化とも考えあわせると，外泊は悪いことばかりだったともいえないとわかった。

◆ 被検者へのフィードバック──クライエントの自己理解の深化
　検査を受けた本人は何らかの結果を期待している。検査を受けた以上，その結果を知りたいと思うのは当然であろう。しかし，心理検査の結果（データ）

をそのまま被検者本人へフィードバックすることが望ましいとはいえない。心理検査を受けたことで被検者がより依存的になるのではなく，自分自身の未知なる部分に気づいていく，少なくとも目を向けていくように援助していくのが検査者の役割である。心理検査の結果は，被検者本人の自己理解を助け，問題解決や成長に役立つような形でフィードバックすべきである。

　以下の筆者（山下）による2つの例は，検査をすることで自己理解を深めることにつながったものである。

【症例　B氏】（山下，1998）
　運転手のB氏は，運転中にいらいらしてくると訴えて，精神科を受診した。休職して外来通院を続けていたが，1カ月もすると「もうよくなったので，復職したい」と言う。そこで内田クレペリン精神検査を実施したところ，いらだってきて途中でやめてしまった。検査者は，「いらいらさせられる検査ですね。Bさんが復職を希望するのは余裕ができてきたからか，それとも焦りのせいですか」と話し合ったところ，B氏は再び治療に専念するようになった。

【症例　C氏】
　新入社員のC氏は，研修期間が終わり新しい職場に配属されて間もなく，「仕事が無意味に感じられ，やる気が出ない」と言う。ロールシャッハ・テストでは非常に強いW傾向（全体反応傾向）を示し，欲求水準が高く，常識的・日常的な対応ができない面が見られた。検査者が「そんなに何もかもに反応しなくても，ここだけ見て何に見えるか，でもいいのですよ」と言うと，「ああ，そんな見方もできるんですか」と驚いたようで，自分の視点の偏りに少し気づいた。

　心理検査の結果を伝える際は，専門用語を使わず，わかりやすい言葉を使わねばならない。伝えたい内容を明確にしておくことや，どこからそう言えるのかという根拠を示せるようにしておくことも大切である。また，情報量があまり多すぎるとかえって混乱する場合があるので，クライエントが知りたいこと

を中心にして適切に絞り込むことが望ましい。クライエントがどれだけ受け入れられそうかという配慮もいる。それは投影法（投映法）検査の場合により問題となるだろう。YG性格検査やTEGなどの質問紙法検査は，被検者の意識的な自己把握をある程度反映しており，結果のプロフィールは自己理解の枠組みを与え，さらにそれを深める契機として役立てやすい。しかし，投影法の解釈は，被検者本人が意識していない自我防衛のメカニズムや無意識的な葛藤に踏み込むもので，伝え方によっては被検者の不安や防衛を強める場合がある。被検者の心の容量を測りつつ，何をどのようにフィードバックしていくかは，心理療法の過程そのものでもある。小山（2008）は「必要なときに必要なことを必要なだけ」を原則とすると端的に述べている。

　フィードバックに際して，要点をわかりやすくまとめた文書をつくり，それをもとに説明することもある。その文書をフィードバック後に被検者に渡すか否かは，検査の目的やその後の活用法に従って個別に判断する。

　そして，フィードバックにおいて最も大切なことは，伝えるだけで終わらせず，話し合うことである。検査者の伝えたいことを伝えたら，そう聞いて自分ではどう思うか，自分で思っている自分と同じかどうかといった感想を尋ねたり，質問を受けたり，逆に質問したりしながら，その場で一緒に考え，理解をさらに深める機会とするのである（竹内，2009）。

　被検者からの質問に対しては，可能な限り答えるのだが，今回の検査結果からはわからないこともちろんある。しかし，検査を受ける側からすれば自分についての何らかの情報を専門家に託し，評価や判断を委ねたぶん，「検査者は被検者以上に被検者のパーソナリティや心理的問題やその解決策を知っているはずであり，被検者の問題解決のために秘策を与えてくれる」といった全能者イメージが被検者の中に形成されやすくなる。そして，そうした期待に反応する形で，検査者の中には「検査をした側の責任」として被検査の疑問にすべて答えなければ申し訳ないような逆転移感情が生じることがある。心理検査を実施した以上，被検者に何らかの利益がなければならないのは当然であるが，検査結果からわからないことまでわかっているかのように答えることはできない。

　中村・中村（1999）はロールシャッハ・テスト実施後の被検者へのフィード

表7-3 フィードバック面接の手順 (Finn, 1996)

フィードバック面接に臨む気持ちについて話し合い、クライエントに気を楽にしてもらう。
査定から知りたかったことを思い出してもらい、追加したいことがあれば述べるように勧める。
MMPI-2 はクライエントからのコミュニケーションであると枠づけする。
所見を確認するようクライエントに求めることを説明する。
クライエントに MMPI-2 のオリエンテーションをする。
所見を用いてクライエントの問いに回答する。
　・肯定的な所見から始めること。
　・すべてを伝えてはならない。伝えるべき所見を、注意深く選定すること。
　・クライエントが受け入れそうな所見から始めて、徐々に、現在の自己概念と相容れないかもしれない所見へと移行すること。
　・個々のクライエントに適合するように、用いる言葉を調整すること。
すべて話し終わってからではなく、それぞれの検査所見ごとに確認したり、修正したりするように、クライエントに協力を求める。
検査所見について、クライエントと議論に陥ってはならない。
話し合うのが気恥ずかしいからといって、検査所見を割愛してはならない。
クライエントが情動的な反応を示したときには、中断してサポートする。
フィードバック面接を終了する。
　・クライエントが歪曲して理解していないかチェックすること。
　・将来的にクライエントが接触を求めてくることを承諾すること。
　・別れを述べること。
フィードバック面接終了後に、自分自身をチェックすること。
　・あなたはいまどんな感情を抑えていますか？
　・あなたは何を学びましたか？

バック面接を「ロールシャッハ・フィードバック・セッション」(RFBS) と名づけ、その方法と効用を論じている。また、S.E.フィン (Finn, 1996) は、MMPI-2 を用いたフィードバック面接について、その要点を表7-3のようにまとめている。検査の種類に応じて、またクライエントの特徴に応じて変更すべき点はあるだろうが、他の検査においても参考となるだろう。

　なお、被検者が幼い子どもや重い認知症患者などの場合であれば、検査結果を被検者本人だけでなく家族にフィードバックすることも多い。その場合は、クライエントに対する家族の理解が深まるようにするとともに、家族の抱える不安にも配慮し、家族がクライエントを支えられるように、家族を支えることが必要である。

表7-4　報告書の項目

①	基本情報（被検者氏名，年齢，検査年月日，検査者氏名）
②	行動観察（検査場面の態度，行動など）
③	検査方法（実施した心理検査名）
④	検査ごとの所見
⑤	総合所見（報告書のレベルに応じて）

◆ **依頼者への報告**

　セラピスト自身が必要に応じてみずから心理検査を実施するのではなく，依頼者からの依頼に応じて心理検査を実施した場合には，依頼者に結果を報告することになる。その際，「報告書」や「検査所見」など名称はさまざまだが，何らかの文書を作成するのが一般的である。どのような報告書が望ましいかは，心理検査が用いられる場所や目的，治療理論や依頼者と検査者との関係によって異なり，一概にはいえないが，一般に次のような項目が含まれている（表7-4）。

　報告の際にまず大切なことは，依頼者の依頼目的や意図をあらかじめ把握して，それを中心に答えることである。鑑別診断をしたいのと，障害特性を明らかにしたいのとでは，報告の視点も異なってくるだろう。また，データの報告だけでよいのか，データをもとにして理解した心理学的所見を求められているのか，さらにはその理解に基づいて，セラピーの見通しについて言及することを求められているのか，というニーズを把握することも必要である。

　報告書の記述で大切なことは，依頼者が読んで「理解できる文章であること」である。誤字・脱字はもちろんのこと，言葉の使い方，とりわけ専門用語の使用には注意しなければならない。専門用語はそれを使用することで，新しい視点を生み出し状況をより的確に理解できるという面もあるが，反面，理論に押し込めて対象を類型化し，それ以外の現実を切り捨ててしまう危険性がある。専門用語を用いず，日常的な言葉で人物像を表現するように努めると，パーソナリティ理解がより生き生きしたものになり，また専門用語の理解も深まってくる。

　また，結果なのか仮説なのかが区別できるように分けて書くこと，考えを述べるときには，何らかの根拠（量的なものとは限らない）を挙げながら書くこと，「かもしれない」「という可能性がないともいえない」「だろうと思われる」と

いった曖昧表現の多用を避けることも留意点として挙げられるだろう。要は「読み手の立場」に立った表現を心がけることである。

　ところで，依頼者の依頼目的に沿って書くということは，依頼者の意図に迎合することではない。医師が患者の診断を確認する意味で検査を依頼してきた際に，その診断名と相容れない検査結果が出たとしよう。その場合は，当然のことながら，その診断名とは矛盾するということを伝えなければならない。あるいは，病棟で医師や看護師らが患者に対して否定的感情を抱くようになっているとしよう。検査を行った臨床心理士は中立的態度を貫いて，患者について共感的なコメントをすることを忘れてはならない。患者に対して否定的になっていた他のスタッフが，それを読むことで，「それはたしかに苦しいだろうな」ともう一度患者に対して肯定的になれるように書くことが，臨床心理士のこの場合の役割である。要は，被検者の立場に立って書くということである。

　心理検査結果の使われ方についても配慮がいる。こんにち心理臨床に携る人たちはクライエントの立場，利益を第一に考えているが，それでも個人の努力を超えた地点で，心理検査が思わぬ形で利用されることが現在もある。検査者は検査結果がどのように利用されるかをよく理解し，被検者の秘密保持には細心の注意を払わなければならない。

　医師の中には，医師への報告書をそのまま患者に見せる者もいる。医師から検査結果をフィードバックする場合は，依頼者（医師）用と被検査（患者）用の報告書を2部作成する必要がある。

　依頼者への報告書についてここまで述べてきたが，報告は報告書だけでなく，できれば，口頭でも行われることが望ましい。現場では，なかなかその時間がとれないといった現実もあるのだが，たとえ短時間でもよい。口頭での報告は実感がこもるし，依頼者の質問にもその場で答えることができるからである。

　実際には口頭で報告することはなく，文書だけの場合であっても，報告する相手と相談する場面を想像してみると「生きた所見」となりやすいのではないだろうか。例えば障害者枠で職場に採用になった被検者の検査所見を書くときには，その被検者の職場の上司が相談に来たと想定してみる。そして，こう聞かれたらこう答える，こう助言するといったことをイメージしながら書くのである。

(a) 1回目　　　　　(b) 2回目　　　　　(c) 3回目

図7-2　D氏のバウム

◆ 変化のアセスメント

　セラピーの進展を見るために心理検査をセラピーの途中や終結時に行う場合もある。質問紙法検査は得点化がなされるため，変化が数値で現れるのでわかりやすい。認知行動療法では，不安や抑うつの状態像を測定するために面接前に毎回同じ質問紙法検査を実施するという方法がとられることもある。知能検査はあまり頻回に行っても意味はないが，何年かに一度，発達の度合いを確認しながら進むことは必要である。投影法検査の中でもP-Fスタディのように，数量化がなされるものは変化を見るのに向いている。ロールシャッハ・テストも例えば自我機能やエネルギー量の上昇，低下などの変化を見ることができる。描画法は変化が視覚的に現れるので，それだけわかりやすい面をもっている。バウムテストの例を以下に示そう。

【症例　D氏】

　40歳のD氏は幻覚・妄想状態に陥り，精神科に入院してきた。入院当初は激しい幻聴や被害妄想が見られたが，比較的すみやかに症状は消失した。2カ月ごとのバウムテストはD氏の回復の過程を見事に示している（図7-2）。

◧ セラピーへと動機づける

　クライエントは，検査結果のフィードバックによって，自分のパーソナリティの特徴が示され，心理的課題が明確にされることで，セラピーを継続して受けたいという意欲が増すことがある。検査を受けることは自己開示であり，それが共感的に受け止められる体験は，さらなる自己開示の抵抗を弱め，セラピーへの動機づけとなりうる。また，心理検査は，自分の心について何らかの形で問いかけられる体験であり，その問いかけに応じて自分で自分の心に問いかける体験でもある。問いが形として与えられることで，それを契機として自分なりに答えを出し，それが心理学的に意味づけられることを通して，さらに自己を探求したいという欲求が高まるのである。「別の検査も受けてみたい」と希望する人が出てくるのもそうした心の動きからなのだろう。自分を知りたいという欲求は，セラピーを進めていくうえで推進力となるものである。

　もっとも，心理検査を受ける体験がセラピーへの動機づけを常に高めるとまではいえない。心理検査を受けたことが，自分の心を暴かれ，見透かされる体験となった場合には，むしろセラピーを回避することにつながるだろう。その点，検査者は検査について十分な説明をするとともに，被検査者の検査に対する構えを注意深く観察する必要がある。

◧ 心理検査をセラピー技法として利用する

　先ほど，心理検査は，自分の心について何らかの形で問いかけられ，自問し，答える体験だと述べた。この考えをさらに発展させると，検査技法をセラピー技法として活用するという考えも生まれてくる。描画法は心理検査として用いられる一方で，表現療法（芸術療法）につながっていく。検査場面で描かれる絵は，被検者と検査者の関係の中で生まれてきたものであり，被検者から検査者へのメッセージである。描画のような表現的な投影法検査は標準化や客観的評価が困難で，いわゆる心理測定的な検査観から見れば検査といえるかどうか疑わしいが，心理療法の中で豊かなアセスメント情報を与えるとともに，同時にセラピー技法にもなっている。

　筆者（竹内）は，身体表現を嫌がらないクライエントに，面接室の中で立ち上がって，自分の描いた木になってもらったことがある。（コラム 7-1）

　ロールシャッハ・テストやTATといった投影法検査は被検者の内的イメー

【コラム 7-1 ● 木になってみる――バウムテストの体験的解釈】

　バウムテストにおいて，被検者は白紙を前に木を描くように求められ，自由に木をイメージして描き，そこに自分の心を託す。検査者は白紙の上に徐々に形を現していく木を見つめ，描き上げられた木を味わうことを通して，そこに託された被検者の心を受け取る。木はそのコミュニケーションを媒介するものである。

　解釈にあたって，初心者のうちはどうしてもマニュアル本に頼りがちで，所見を読んでも，実があるからどうとか，樹幹の上が開放されているからどうとか，本に載っていることをそのまま写しただけのような文章が並んでいることがある。基礎研究としてそうした分析的なデータを積み上げ，知見を得ることは重要である。だが，その知見を個別の木にそのまま適用できるかとなれば，それはまた別のことである。つまりそうした知見は個別事例の解釈において参照すべきものであっても，それだけで解釈が決定するようなものではない。例えば，大地線が描かれているのは，安定感の印なのか，それとも不安定さを補うものであるのかは，個別に考えるしかない。空間象徴理論を使った解釈にしても，それにあてはめるだけでわかったような気になってしまっては，その木がもつ個別の意味は見えてこない。

　バウムテストは，木を描いてもらう検査だから描かれた木について分析するのは当然だが，最終的には木を通して，木の向こう側にある被検者の心を受け取ることが検査者の役割である。被検者の心と対話するつもりで木をじっと見つめてみるとよい。描画後の質問（PDI：post drawing interrogation）にしても，「どこに立っていますか」「樹齢は何年ですか」といったお決まりの質問をいくつかして終わりということではない。検査者はその木のイメージを広げ，木に託された被検者の心を受け取ることができるように，質問に対する被検者の答えを踏まえて，臨機応変に次の質問を工夫する必要がある。

　筆者は，木のイメージをよりリアルに感じとるために，心の中でその木になってみたり，実際に立ち上がって木を演じてみることがある。また，スーパーバイジーにもそれを勧めている。「何か天井がつかえているような，頭打ちみたいな感じ」「体が突っ張って，肩がこってくる」「体全体がうなだれている」のように体で感じることは，被検者の心を受け取るのに役に立つ。また，身体表現を嫌がらないクライエントに，面接室の中で立ち上がって，自分の描いた木になってもらい，その身体感覚を報告してもらったこともある。セラピストが木のイメージを広げるだけでなく，クライエントにとって体験的なセラピーのツールとするのである。

（竹内）

ジを刺激し，その表現を促進するようにつくられており，その表現行為自体が治療的な体験になりうる。つまり，検査刺激が被検者の無意識を結晶化させ，それを言語化し表現しようとする意識的な活動が自我と無意識の関係を生み出し，内的なダイナミズムを生じる。さらにその過程に検査者が関与し共有していくならば，それは夢やイメージを扱うセラピーの過程と同質のものになる。例えば，井上（1984）のロールシャッハ面接法では「どのように思えますか」「どのように感じますか」という教示を意図的に導入し，ロールシャッハ図版に「何を見たか」よりも「どう体験したか」を重視し，その体験過程をともにたどっていくことを目指している。さらに，セラピーの中で時宜に応じて何度でもロールシャッハ図版の中から自己イメージに最も一致する図版を選択させ，それをもとに「いまの自分の状態」や「自分について感じていること」を話し合ったりする。そこでは検査場面と治療場面，検査者と治療者はほぼ重なり合い，検査者という独立した役割はなくなってくる。ロールシャッハ・テストを中心とした投影法検査の反応は，被検者と検査者の対人関係の中で生まれてきたものであり，その反映として解釈することによって被検者の対人関係のあり方や現実対処の仕方を推測することができる。このように検査結果の客観性を大切にする一方で，被検者と検査者の関係性という視点から検査結果を理解するという姿勢も必要になってくる。

　P-Fスタディでは，反応をすべて書き終えた後で，各場面をどのような状況と見なしたかと尋ねることにはなっていないが，これをすると，クライエントの状況認知の仕方という新たな情報が得られる。また，P-Fスタディのフィードバックの際，被検者が「最初は他のセリフを思いついたんだけど」と実際に書かれた反応以外にも候補があったことを打ち明けたのなら，それを検査用紙の空いているところに書いてもらう。そして，2つの反応を比べてみたり，どうしてこっちを書いたのかを考えてもらったりするのである。

　SCTの反応は，記号化されることはなく，特徴的な回答をいくつかピックアップしてそれをつなぎながら解釈が行われることが多いようだが，筆者（竹内）は，すべての回答をテーマ別にカテゴリー化し，ラベルをつけて一覧表にし，クライエントにそれを見せながらフィードバックしたことがある。クライエントからすれば，自分が自由に書いたことがまとまった形で返ってくる体験

となるだろう。セラピスト側は，必ずすべての反応をどこかのカテゴリーに入れることで1つひとつの反応を読み込むことができるし，カテゴリー化することでクライエントの心の全体像（あくまでも書かれた事柄についてだが）が見えてくる。分類に迷った場合には，フィードバックする際により意味づけがしやすい方のカテゴリーに入れるとよい。

　心理検査のこのような使用法は，夢分析療法における夢，箱庭療法における箱庭作成，認知療法における思考記録表などと同様に，クライエントとセラピストとの間に置かれて，一緒に取り組まれるセラピーのツールとして機能している。ただし，このような標準的な施行法と異なった用い方は検査法としての特質や有効性を損なう場合があり，標準的な施行方法に則った検査の結果と同じように解釈することはできないかもしれない。また，その新たな進め方がその被検者に適したものかどうかを見極める必要がある。

　倉光（1999）は「近年になって，心理テストと心理療法の関係を従来のように単純に切り離すのではなく，前者を後者に有機的に織りなしていくアプローチをとるセラピストが増加してきたように思われる。すなわち，心理テストにおけるテスターとテスティーの相互作用は，心理療法としての機能を果たしうること，少なくとも心理テストはそのフィードバックも含めて心理療法過程の一環としてとらえ得るということが次第に認識されるようになってきた」と指摘している。この傾向が今後ますます強まっていくことを期待したい。

〔参考文献〕

◇　S. E. フィン（田澤安弘・酒木保訳）『MMPIで学ぶ心理査定フィードバック面接マニュアル』金剛出版，2007
◇　J. T. ヒューバー（上芝功博訳）『［改訂］心理学と精神医学の分野での報告書の書き方』悠書館，2009
◇　藤田和弘・前川久男・大六一志・山中克夫編『日本版WAIS-IIIの解釈事例と臨床研究』日本文化科学社，2011
◇　藤田和弘・上野一彦・前川久男・石隈利紀・大六一志編『WISC-IIIアセスメント事例集——理論と実際』日本文化科学社，2005
◇　伊藤隆一編『SCT（精研式文章完成法テスト）活用ガイド——産業・心理臨床・福祉・教育の包括的手引』金子書房，2012

◇　E. O. リヒテンバーガー・N. マザー・N. L. カウフマン・A. S. カウフマン（上野一彦・染木史緒訳）『エッセンシャルズ　心理アセスメントレポートの書き方』日本文化科学社，2008
◇　高石浩一・川畑隆・大島剛編『知能・発達検査実習――新版K式を中心に』心理学実習 応用編1，培風館，2011
◇　竹内健児編『事例でわかる心理検査の伝え方・活かし方』金剛出版，2009
◇　津川律子・篠竹利和『シナリオで学ぶ医療現場の臨床心理検査』誠信書房，2010

――竹内健児・山下一夫

第 8 章　面接関係とパーソナリティ

　心理療法は,「心の問題」を媒介にして,クライエントとセラピストが出会い,関わり合いながら展開していく営みである。そこでは,あらゆる局面において,それぞれのパーソナリティが反映される。その意味で心理療法は,お互いのパーソナリティが協働して創造する人間関係の過程といえる。ここでは,心理療法の面接法を中心に,パーソナリティについて考える。

1　パーソナリティを理解する方法としての「面接」

　心理療法は,直接の人間関係による実践法である。それは,不安や悩みの状態つまり心の問題を抱えるクライエントが,みずから解決し自己展開を図っていくことを支援する援助法である。問題や症状などを焦点にして見れば,問題解決法とか治療法と呼ばれる,基本はクライエント・人を照準にした方法である。

　ところで,心の問題状態の内容や程度は,個人的・主観的であり,その状態をどう理解し受け止め,どう取り組んでいるかなども,個々のその人によって異なる。しかし,それぞれを見ると,その人らしさを示す比較的に安定した一定の傾向として固定化している。心理療法の出発点になる「心の問題状態」も,本質はクライエントに固有の体験様式を表すある種の傾向・型といえる。

　一方,パーソナリティへの関心は,人間の生活ないし人生には著しい個人差があるなかで,本質的に唯一無二の存在,つまり〈私〉を照準にしている。あ

る人の実際の行動は，生活状況に応じて臨機応変に変化するものではある。しかし，その変化の内容や変化の仕方には，その人固有の比較的に安定した傾向や行動様式があり，われわれはそれを知ることで相手・個人を理解しているわけである。

　こうした問題状態の理解や人間理解の背景には，その人の固有性を規定しているものが，外部の環境要因よりも，その人自身の内面的な主体要因によるとの考えがある。例えば，G. W. オールポート（G. W. Allport）が包括的に「パーソナリティは，個人の内にあって，その個人に特徴的な行動や思考を決定する心理物理的な力動的体制である」（Allport, 1965）と定義しているように，人間の内面的な主体要因による個人差に注目した概念がパーソナリティである。

　心理療法の人間関係は，あらゆる点で個人差を焦点に，クライエント個人・〈私〉，つまりパーソナリティを理解する方法である（河合，1991）。その意味で心理療法は，面接という直接の人間関係による，個人的な心の問題状態の解決や治療を目指す援助法であると同時に，個人・〈私〉の内面的な心を理解していく探求法でもある。面接が心理療法の方法自体なのである（土居，1977）。

◆ 面接（法）とは

　面接（interview）とは，一般的に「共に・相互に（inter），見る・見つめる（viewing）」という意味の用語である。人と人が直接に会って，お互いの心・パーソナリティを見つめ合うこと，相互理解を深める方法である。

　また，面接は「目的をもった会話」のことで，井村・木戸（1965）は包括的に，「面接とは，人と人とが一定の環境にあって，直接顔をあわせ，一定の目的をもって，たがいに話しあい，情報を交換したり，意志や感情を伝えたり，相談したり，問題を解決すること」と定義している。

　こうした定義からすると，面接とは，人と人が一定のねらいをもって，直接に「話し合うこと」であり，それは言葉を主な媒介とした特別な人間関係による方法である。こう考えると，面接は，言語を用いる人類が，古くから身に深くなじませてきた，人間に特徴的な方法であり，その意味で，たいそう人間らしい自然な人間理解や相談の方法であることがわかる。

　心理療法では，この面接による方法，つまり面接法が最も一般的なもので，あらゆる技法の土台である。この心理療法として工夫された特別な人間関係の

方法は，一般面接と区別して，臨床心理面接と呼ばれている（藤原，1990）。
◆ 臨床心理面接
　心理療法としての面接は，上記の一般的な定義を基礎に，それをさらに進めた専門的な実践方法である。例えば，「目的をもった会話」ではあるが，その目的は「心の問題状態」を抱えているクライエント・人への関わりに照準が合わせられている。また，そのために一定の約束に基づいて契約した特別な人間関係，つまり面接契約による方法である。このように多様な観点から工夫された面接法の特徴について考えてみる。

　(1) **心理療法という目的をもった面接であること**　　心理療法の面接は，一定の約束に基づく人間関係の方法である。その特別な人間関係は，契約関係であり，それを面接契約による面接関係と呼んでいる。

　面接では他にも入試などの際の一般面接や面談がよく知られている。アンケート調査や質問紙調査など，一般心理学や社会学をはじめ多様な分野での調査研究法として半構造化された調査的面接もある（保坂ら，2000）。こうした一般面接や調査的面接では，面接者側の個人的な要因をできるだけ排除し，平等化・均質化して行うことが期待される。いわば被面接者を対象化して，面接者要因が絡まないよう，客観的・科学的に観察し理解しようとする方法である。

　しかし，心理療法としての面接では，主観的で個人的な〈私〉の世界，特に不安や悩みといった感情体験に関与することが求められる。つまり，面接者の主観的・個人的な関わりが，むしろ絡み合う関係状況が優位になる。

　もちろん面接関係においてセラピストは，客観的・観察的な視点と主観的・関与的な視点が同時に求められる。個人を部分でなく生身の全体と見て関わっていく点が，他の一般面接や調査的面接との基本的な違いである。心理療法における面接関係では，パーソナリティの部分的な内容や側面に限定した関わりでなく，その複合的な全体に関わる相互のパーソナリティが同時に絡み合う点に特徴がある。ここに専門性に基づく臨床心理面接の特徴がある．

　(2) **クライエントが受益者・主導者としての面接であること**　　心理療法の面接に限らず，人間関係には，一定の制約や責任を伴う面が含まれている。その内容や厳しさの程度は異なるにしても，「いつ，どこで，誰と誰が，何のために，どのような方法で……」といった相互の約束で成り立っている。こうした

通常生活での人間関係と比較して，臨床心理面接も一般面接・調査的面接も，形式的には多くの点で類似している。

そうした中で，臨床心理面接は，面接の受益者と面接関係の主導者が，クライエント中心であるという点に特異性・専門性があると考えられる。例えば，一般面接や調査的面接では，面接を実施する側の趣旨や利益を中心に設定され，面接者側が主導していく原理が優位になる。一方，臨床心理面接では，心の問題もその取り組み方も，クライエントの主観的で内面的な世界の事柄であるので，必然的にクライエント中心・主導にならざるをえない。セラピストは，クライエントがみずから表現する世界に寄り添い，みずから理解し解決していくことを基本にする援助原理で関わることが基本になる（藤原，2004）。

もちろんセラピストは，生身の人間関係を通じて能動的な作用を及ぼすことを試みる専門家である。この能動的で積極的な作用を逆の形，つまりセラピスト主導の助言や指導を最小限にしたクライエント中心の関わりという逆説的な形で及ぼすことは，なかなか難しいことである。常識的には，目に見えるセラピスト主導の助言や指導などの外部から働きかける手法が期待される。

しかし心理療法では，もう一方の内面的な常識や原理として，非日常的な心の世界に寄り添う視点からの関わり，つまりクライエント中心・主導の心の原理を優位に持続する内面的な関わりが必然となる。このことが生身ゆえにきわめて至難であるため，あえて特別な手法を工夫する必要もある。それが臨床心理面接という専門的な方法であり，特別に教育訓練を受けた心の専門家・セラピストが，あえて非日常的・特別な設定のもとに，クライエントの内面的な心の原理に寄り添い，クライエントの受益中心の関わりに傾注するのである。

ここでは，真にクライエント中心に寄り添う面接関係の難しさに焦点化して考えてみた。この直接の人間関係の方法を通して，どのようにパーソナリティが立ち現れ，相互理解を深めながら〈私〉を生きる援助を行っていくのだろうか。

2　面接法の背景にある人間観・パーソナリティ観

心理療法としての面接法は，直接の人間関係による援助法であり，相互にパ

ーソナリティを見つめ合いながら展開する方法である。したがって面接法は，お互いのパーソナリティを理解し合う方法であり，相互にパーソナリティを有効に作用させ合う方法であると考えられる。しかし，面接法を通じた理解や有効な影響力は，その方法が，どのような人間観やパーソナリティ観に基づくかによって，何を理解するかも，ねらう援助の内容や方向も違ってくる。そうした心理療法の背景にある人間観やパーソナリティ観について考えてみる。

◆ 心理療法としての面接法が立脚する人間観・パーソナリティ観

　心理療法を通じてクライエントの心の問題に関わることは，それを抱えて生きる人に人（セラピスト）として関わることであり，そこにはおのずと相互のパーソナリティに関わることが構造的に含まれている。こうした心理療法としての面接法を通じて，人間・パーソナリティを理解し，そこから援助の方法を開発しながら相互発展的に体系づけられてきたものが，それぞれに固有のパーソナリティ論を背景にする現在の多様な心理療法であると考えられる。

　以下に見る観点は，人間の心をどう考えるか，人間をどのような存在と考えるか，パーソナリティの形成や変容に人間関係がどのように作用すると考えるか，といった，人間・パーソナリティをどう考え，どう関わるかという心理療法としての面接法の具体的な視点になる。興味深い点は，相対立する考え方や方法がすべて意味をもって存在していることである。こうした多様な観点が，面接法を通じたクライエント理解においても重要であることを示唆している。

　(1) 反応する存在と見る観点　　反応する存在（a reactive being）と見る観点は，外界の環境・刺激要因との関係で反応する人間・心の働きに注目する考え方で，観察可能な客観性・科学性・実証性を重視する。無意識などは仮定せず，もっぱら客観的行動に照準を合わせる理論的立場であり，自然主義，実証主義，行動主義，操作主義などの立場に立つ諸心理療法があり，認知行動療法，行動療法などが代表的である。行動論的アプローチと呼ばれている。

　(2) 深層で反応する存在と見る観点　　深層で反応する存在（a reactive being in depth）と見る観点は，人間の言葉や行動は，深層の目に見えない無意識的な心の働きの「表れ」だと見る観点であり，パーソナリティについて深層で反応する心の働きを中心に理解する立場である。深層心理学と呼ばれる精神分析学や分析的心理学などが代表的であり，夢分析や自由連想法など多種多様な技

法や心理療法が開発されている。広く心理力動論的アプローチとも呼ばれる。

(3) 生成過程にある存在と見る観点　生成過程にある存在（a being in process of becoming）と見る観点は，〈いま・ここ〉での内的・心理的体験そのものに注目し，その体験自体を，たえず自己生成していく人間の自己実現過程と見る人間学派，実存主義などの立場であり，現存在分析，実存分析，クライエント中心療法などが代表的である。人間性アプローチとか体験論的アプローチとも呼ばれている。

　大別して以上のような人間観・パーソナリティ観に基づいて，さまざまな心理療法や技法が開発されている。数えきれないほどの心理療法があるため，代表例のキーワード的な紹介になったが，それらをヒントに広く多様な考え方について学んでおく必要がある。また，個人を対象にする一対一の個人心理療法だけでなく，集団成員相互の機能に注目する家族や集団を対象にするグループ・アプローチの基礎になる観点として理解を深める必要がある。

◆ **心理療法の援助モデルから見たパーソナリティ観**

　心理療法は，直接の人間関係によるパーソナリティ理解の方法であり，その適切な変容を目指す関わり技法でもある。そうした方法を通じて，どのような心理療法のプロセスを経ながら目標の状態に向かうか，という考え方にも，さまざまな心理療法が背景とするパーソナリティ観が反映してくる。

(1) 医学モデル　医学モデルは自然科学的な考え方に立脚して，主に因果関係の把握を行うことで，適切に治療的な援助を目指す観点である。「症状や問題→検査・問診→病因や原因の発見（診断）→病因などの除去・弱体化→症状消失や問題解決（治療的な成果）」といった援助過程中心のモデルが考えられる。

(2) 教育モデル　教育モデルも広く見ると因果論を基本にする考え方に拠っている。ただし，この観点では，原因を病理や病因にではなく，知識やしつけなど社会的な規範や学習目標などの問題と考えての課題発見的なアプローチが中心になる。よりよい教育目標という観点からである。「問題→調査・面接→原因の発見→助言・指導による原因の除去ないし課題の再学習→問題解決」といった援助過程中心のモデルが考えられる。

(3) 成熟モデル　成熟モデルは自己実現モデルともいうべき考え方で，

問題や悩みそのものよりも，セラピストの態度に注目する観点からのアプローチである。ここではクライエント自身の自己成熟過程によって解決が実現すると考えるので，セラピスト側の積極的な操作や働きかけに照準を合わせる考え方とは根本的に異なった，できるだけ自然な展開を妨げない態度で接する援助という考え方に徹底する観点になる。「悩み・問題→セラピストの特別な態度の要因→クライエント自身による自発的な自己成熟過程の促進→解決を期待」といったクライエントの自然で自発的な成熟過程中心の援助徹底モデルが考えられる。

(4) **自然モデル**　自然モデルは，セラピストが「道（TAO）」の状態にあることによって，非因果論的に他にも自然に本来の状況である自然な状態が生まれるという考え方によるものである。この考え方は東洋における人間観としての「道（TAO）思想」を背景にしたパーソナリティ観によるもので，C. G. ユング（C. G. Jung）が注目した観点である。このモデルを説明することは非因果論的な，人為による作為が介入しえない「あるがまま」のあり方に関係することであり，いわば説明不能な援助モデルということになる。共時性とか禅問答における悟りや展開モデルが想起され，成熟モデルとの類似も考えられる。

以上は，前述の人間観とも照らし合わせてみると，心理療法の面接関係で生じる，複雑で複合的・螺旋的な変容と援助の過程を理解するうえで参考になる。

◼ **心理療法がねらう援助作用の基礎になるパーソナリティ観**

心理療法は，クライエントの心に何らかの変容を目指して行われる方法である。したがって，心理療法の適用が期待される問題とは，心・人間関係によって変化する可能性が期待できるもの，ということになる。そうした直接の人間関係を通じて一定の変化を試みる面接法では，どのような作用をねらっているかによって，パーソナリティをどんな機能と考えているかが推測される。

(1) **支　持**　支持（support）は，励ましたり，やさしくいたわったり，知識や技術を教えたり，助言や忠告をしたりすることなど，あらゆる関わりに共通する，クライエントの心の支えになることをねらった作用機能である。この作用をねらう関わりは，支持と受け止められるかどうかが，あくまでクライエント自身に委ねられていることを自覚して行うことが大切である。クライエント中心療法が代表例であるが，真にクライエント中心である難しさは，心理

療法におけるクライエントを真に支持することの難しさにも通底している。

(2) 訓　　練　　訓練（training）は，実際の行動や活動を通して，体験したり訓練や練習によって心を鍛えたり，学習や再学習によって自信をつけさせたりすることをねらった作用機能である。この作用機能を中心に構成される心理療法には，森田療法，臨床動作法，行動療法，認知行動療法などセラピスト主導型の積極的な技法が含まれる。基本は，クライエント中心であることに変わりはない。

(3) 表　　現　　表現（expression）は，内面に閉じ込められた心の欲求や感情などを自由に表現し，表出し，心の浄化（カタルシス）や内面的な自己体験をねらいにした作用機能である。言葉による告白や主張なども含む多様な自己表現を促進する技法があり，総称して表現療法と呼ばれている。芸術療法や箱庭療法，絵画療法や遊戯療法，音楽療法やダンス療法などが含まれる。このパーソナリティ機能への作用もすべての心理療法に共通する，言葉・行動・イメージを内面的な心の世界の「表れ」と見なす本質的な考え方に通底するものである。

(4) 洞　　察　　洞察（insight）は，症状や言動の背後に隠されたり閉じ込められたりしている欲求や感情あるいは欲求不満や葛藤について，その内面的な心の意味を自分で気づき，意識化し，言語化するなど，いわば無意識や目に見えない心の世界のメカニズムや意味に気づき，自己理解することをねらいにする作用機能である。洞察療法と呼ばれ，主に深層心理学の立場に立つパーソナリティ論を基礎にする精神分析療法や催眠分析，夢分析，実存分析などが含まれる。

以上の作用をねらった心理療法の視点は，パーソナリティへの支持機能，訓練機能，表現機能，洞察機能を促進するためのさまざまな方法の基礎にある観点のことである。しかし，一緒に訓練を行う関わりが，クライエントに支持的と映ることは容易に生じるように，各機能は相補的に機能するものである。したがって，どれを優位に用いるか考えるかによって強調点に違いはあるが，本質的には，すべてが心理療法の援助過程で機能するものである。それはパーソナリティが，本来的に複合的で総合的な全体としての個人総体であることを意味している。セラピストは，それぞれに有効性をもつ多様な観点の存在を自覚

し，柔軟で総合的な視点からパーソナリティ理解に努めることが大切である。

3 パーソナリティ理解を促進する面接関係

心理療法としての面接法は，特別な人間関係の工夫から構成されている。それは，パーソナリティに直接に関わるための方法であり，同時に，そこから見えてくるパーソナリティを理解する方法でもある。すなわち，面接法は，直接の人間関係を通じて相互にパーソナリティをより見えやすく，理解しやすくしていく方法ともいえる。心理療法としての意味をもたせるように，クライエントとセラピストが相互理解を促進する直接的な人間関係の方法なのである。

ところで，いわゆる悩みや不安の状態は，パーソナリティが機能不全になった状態ともいえるが，それはパーソナリティを理解することが容易になった状態なのだろうか，それとも通常よりも理解が困難になっている状態なのだろうか。そうした点も含めて，以下では個人面接を中心に考えてみる。

◆ **面接契約——基本的な枠組みの設定**

臨床心理面接は，契約による人間関係の方法である。まず，インフォームド・コンセントに基づき，物理的な場を一定に設定し，時間，面接の間隔，料金についての説明を行い，相互に話し合いながら約束する。また，守秘義務についても丁寧に説明を行い了解を得る。同時に，心理療法の限界についても説明を行い了解を得る。この了解による契約は，相互了解という点が肝心である。

面接契約の話し合いでは，こうした場所や時間といった制限（絶対的制限）と，例えば遊戯療法などの場合に，危険な遊びや身体的な暴力などの制限をするとか，面接での身体接触や室外での交際の禁止などを含む，状況に応じて判断する制限（相対的制限）についても，丁寧な説明と相互了解が必要である。

これに加えて，心理療法の限界についても，特に心の問題に関する適切なアセスメントに基づいて行うことが必須である。インテーク面接は，このことを主眼に実施される重要な初期の面接である。

◆ **インテーク面接**

インテーク面接（intake interview）は，受理面接とか初回面接とも呼ばれる。クライエントに対して最初に行われるもので，訴えをよく聴きながら問題点を

把握し，どのような援助が適切かを判断するための面接である。つまり正式な面接契約をするための前段階の面接であり，一般面接に近い面がある。普通はベテランの面接者が行うが，一般的な申し込みと受付・予約などによる予備面接だけの場合もある。

　この面接の目的は，面接契約が可能かどうかを相互に実際的に判断し，現実的に決定することである。そのため，訴えや問題状態について，各種の心理検査や発達検査などを用いた臨床心理アセスメントに主眼が置かれる。また精神的・身体的な診断の必要性から医療機関への相談を勧めることもある。

　この面接は，クライエントにとって最初の出会いである。それは相談機関や面接室など外的環境をはじめ，何よりもどのようなセラピストなのかという専門家との第一印象的な実際体験である。したがって，即座に面接契約に結びつくことも多く，この成否が以後の面接関係をおおいに規定する。このことを自覚して，事前準備と注意深い配慮をもって面接に臨むことが大切である。

◆ 面接契約をめぐる面接関係とパーソナリティ理解

　面接契約をめぐる面接関係では，時間，場所，料金，守秘義務，心理療法の限界や面接での制限についての説明と話し合いにより，このクライエントに対する心理療法が可能なのかどうかを判断する。可能であれば，この相談機関で引き受けるのか，引き受けるとすれば，どのような種類の心理療法が適切で可能なのか，誰がセラピストになるか，他の機関を紹介する方が適切か，といったことを総合して現実的・実際的に面接契約を行う。もちろん，一定の面接経過を経た段階で，面接を解除したり，新たな目標設定で再契約したりすることもある。

　面接契約をめぐる人間関係には，じつに多様なクライエントの表現がなされる。そこにパーソナリティが反映されることは確かであるが，ただちにあらかじめ備えた知識などから固定的な理解をするのでなく，1つの仮説ないし視点として保持し確かめたうえで判断することが大切である。パーソナリティは一定の傾向であるので，繰り返し表現される現象が1つの手がかりになる。

　初回面接への訪れ方にも，クライエントの傾向が表現される。例えば，実際に初回面接をするまでに何度か訪れることがあるか，約束時間よりどのくらい早く（遅く）来談するか，誰か同伴者と来談するかなどをはじめ，面接室での

座り方や声色や視線や態度など，言語だけでなく非言語的な直接情報を通じて，パーソナリティの表れを推測しながら理解を進めることになる。

◆ パーソナリティ理解における「枠組み」をもつことの意味

　面接契約を通じたクライエント理解の過程は，パーソナリティへの直接アプローチでもあり，最初から支持的・治療的な援助機能をもつことはおおいにありうる。このことを何の枠組みや視点もなく進めることは難しい。一般に，クライエントの自由な表現を促すことが，よりパーソナリティ理解を促進するといえる。常識的な観点から見ると，契約という枠や枠組みは，逆に窮屈で不自由な印象がある。面接契約による「枠」に基づく面接関係では，クライエントの心の世界や心の問題状態に関する自由な表現が損なわれるのだろうか。

　心理療法の面接法では，制限や約束といった契約関係ゆえに内的な表現が限定されるものではなく，面接の「枠」が明確に形成されることで，逆に安心して自由な表現が促進されると考えられている。つまり，一定の枠をもつことがセラピストの視点を特化することになり，この枠組みを視点・基準にしてこそ微妙な表現や変化への気づきと理解が豊かに促進されると考えられている。

　面接契約のための契約内容を具体的に提案することで，それに対するクライエントの考えや判断，自己主張や表現の仕方などを活性化することになり，そのことでセラピストもクライエント理解を進めることが容易になる。枠組みを設けることで不自由になるといった常識的な視点とは逆に，「枠・枠組み」による視点の明確化なくして，複雑で複合的なパーソナリティ理解は促進されないという面がある。

　そもそも心の問題状態での不安や悩みを抱えている状態は，クライエント自身にとっても非日常的であり，いわゆる通常とは違った状態にあるといえる。そこでは，通常では不安や疑いを感じなかった何の変哲もない刺激や状況に対して，きわめて過敏かつ過度な不安や不信を感じたり，相手の言動についても適切で安定した受け止め方や対処の仕方が難しい状態になったりしている。

　このような心の問題状態は，日常の常識的な世界や考え方・感じ方とは違った特別な状態と考えられる。つまり非日常的で非現実的な面接の場，通常とは異なる面接関係こそが，むしろ一方の常識・現実を安心して表現して生きる空間・時間になると考えられる。すなわち，夢の世界の内的な現実は，いわゆる

実際の外的な現実世界とは違っている。「心のこととして」「夢の世界のこととして」といった，客観現実世界とは区別できる枠・枠組みが必要になる。

お伽話や昔話の世界を楽しむには，現在や現実と離して聴く心構えが必要なように，心の個人的な話し合いには，秘密の時間・場所そして相手が要件になる。臨床心理面接は，こうした非日常的な心の要請に応えることを日常とする方法であり，内面的な心の世界の常識が優位になる特別な仕組みである。

◆ 構造化された面接法とパーソナリティ理解

面接契約による枠組みで設定された面接関係は，相応に構造化された人間関係によるクライエント理解の方法である。これは「面接構造」と呼ばれている。構造化されたという意味は，人間関係の場が，一定の枠組みによる視点から理解しやすく構成されているということである。小此木（1964）は，この一定の視点で展開される心理療法の面接の場の機能と意義に注目し，この構造化された面接の場と関係を「治療構造」と呼んだ。

この視点は，多様で複雑な内容と次元をもつ構造化された心の機能として，つまりパーソナリティを一定の構造的な傾向として考えることを基礎にしている。パーソナリティを個々に構造化された一定の傾向と考えると，一定の構造化された場と時間，そして一定の関わり方や理解の視点として構造化した面接

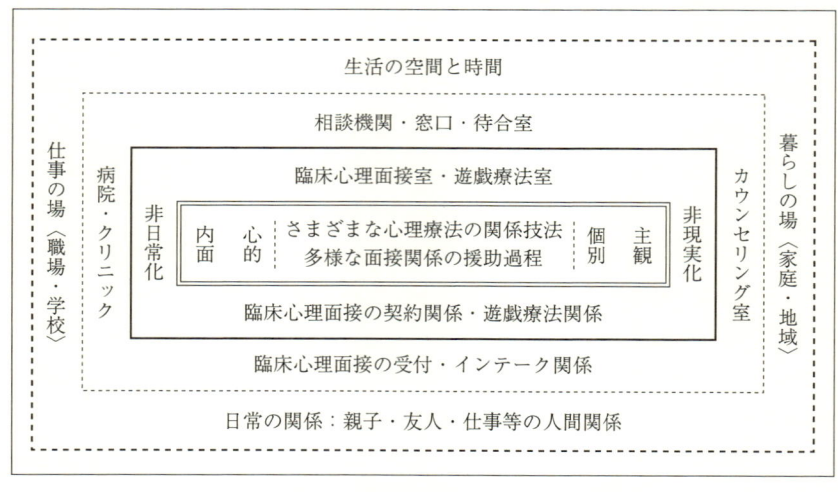

図8-1 暮らし全体における面接の場と面接関係

と面接関係は，パーソナリティ構造との関連を類推させる（図8-1）。

面接構造は，いわばパーソナリティ表現の空間・時間を構造的に設定したものと位置づけられる。つまり，心の問題を抱えるクライエントの主観的で個別的な内面世界を，日常との関係を保ちつつ現実から離れて特別に見つめ表現を促進する面接関係の機能と秘密を守るためのものといえる（藤原，2005b）。

4 パーソナリティの理解と変容を目指す面接関係

面接法は，一定の時間・空間として構造化して設定された非日常的な心の人間関係の場である。それは，図8-1で見た外面的・現実・日常世界から内面的・非現実・非日常の世界を往き来する構造をもっている。いわばパーソナリティの，外面に照らした目に見える心の言動面から，内面の即座には目に見えずとらえようのない深層・イメージ面までを含む構造を推測させる。専門的な面接枠は，面接関係を外界現実と区別し独立させて規定する構造化ともいえる。

面接法は，外的な規定構造とともに，さまざまな関係技法を通じた多様な内的関係による援助過程により展開する。つまり，外的な面接関係の場において，その枠を土台に内的な面接関係を通じた心の構造を促進し展開を図っていく。その意味で面接枠は，外界関係と内界関係それぞれの機能を促進する二重の意味があり，同時に両者の関係全体をも構造化する第3の機能ももっている。

面接関係の促進とともに，パーソナリティ理解そして変容が，より心の世界の内的な体験世界へと展開し深まっていく。そして非現実・非日常な性質をさらに深化させながら，ますます心の自由で自発的・自動的な表現によるパーソナリティ理解と変容を図る面接過程へと進展が図られる。面接過程は，面接関係における信頼関係の形成に応じて進展し，同時にこの進展に応じて信頼関係が深まるといった相乗的な関係で展開していく。まさにセラピストとクライエント相互の協働によって創造的に築かれていくものである。それは，相互のパーソナリティ関係による創造過程であるともいえるのである。

◆ **面接過程を促進する面接関係における内的構造**

面接関係での内的構造は，すなわちパーソナリティ構造の反映であり，その表現と相互作用の過程とも考えられる。パーソナリティは，いわばみずからの

内面的な心の世界を，他者と対外的に関係する一定の心の表現形であり，同時にみずからの内面自体と対自的に関係する一定の心の傾向であるともいえる。それは個人に独自の心の体験様式の型と考えられるが，それを自分自身が明確に意識化できている面もあれば，まったく意識さえもしえない面も存在する。

面接過程は，現実とは区別する面接枠と契約関係を土台にして，セラピストとクライエントが面接関係に相互のパーソナリティを絡ませ合いながら，パーソナリティ理解と変容を図っていく漸進的・動態的なプロセスである。そこでは，いかにパーソナリティそのものが，ありのまま自由に表現されるか，いかにクライエント自身とともに心の世界を生きられるか，といった関わりが援助機能として求められる。そのために面接法での関係技法が工夫されている。

その基本的な関係技法が，「傾聴」「受容」「共感」とされる最も本質的な関わりの態度・姿勢であり，同時に関係技法としての根本的な技術であると考えられる。この三者もまた，相補的であり，相互促進的な三位一体のパーソナリティ全体が関係し合う専門的な関係技法である。

◆ 面接過程で目指すパーソナリティに向かう諸段階

心理療法の過程は，すなわち関係技法を通じて，立脚する人間観・パーソナリティ観に基づいて，理想的に適応するパーソナリティ像に向けて促進していく面接関係の創造的なプロセスである。この過程の全容を示すことは至難である。ここでは，図式化してイメージづくりの参考に提示する（図8-2）。それぞれのパーソナリティ構造に関しては，図8-1との関連で豊かに想像し類推すると，各回の面接関係を基本に螺旋的に進展する全面接過程を考えるヒントになる。

◆ 面接過程の進展に伴う関係技法の面接枠としての機能

面接関係の進展は，しだいに非現実的・非日常的な心の内面世界，パーソナリティ構造の中心・中核的領域に接近していくことになる。面接関係では，日常・現実の客観的ないし表面的・外的な心の領域から，しだいに非日常・非現実の主観的ないし中核的・内的な心の領域に深化しながら，再びもとの外的な客観現実世界に戻ってくる。この心主導の展開過程は，毎回の面接関係においても展開し，このスパイラルな展開によって全面接過程が進んでいく。

そのため，とりわけ図8-1，図8-2における最内部・中心部の面接関係

第8章　面接関係とパーソナリティ　155

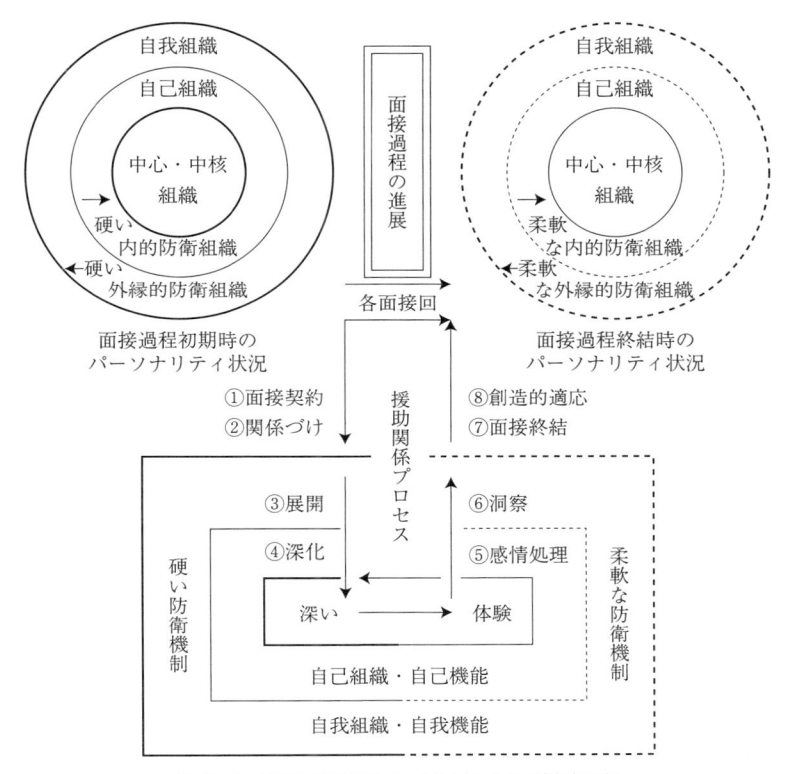

図8-2　面接で目指すパーソナリティと援助過程

（内面，心的，主観，個別）においては，さらに心そのものの働きが活性化することによって，非論理的・非言語的でイメージ的な内的・非現実体験が優位な現象に関わることになる。このことは，共感的な感情優位な現象との関わりにおいても生じる。こうした，いわば心の奥底での心そのものの働きに委ねていくような面接関係の深化は，関係の深さや体験の中核さによる援助機能を目指すうえで，おおいに期待されるものではある。

しかし，そこには同時にパーソナリティを巻き込みあったり，揺さぶり合ったり，心の主体軸を見失ったり，時には心の危険を伴いかねない現象が生じて不思議はない。例えば，信頼関係を築くことは必須の要件であるが，それは日常的には，いわゆる相手を好きになることである。面接関係では，そうした信

頼関係が，いわゆる恋愛感情による関係と区別が難しくなる局面が，むしろ容易に生じる（転移）。この感情は，恋愛感情などに限らず，憎しみや恨みをはじめ否定的な感情体験にも関係する。関与するセラピスト側に生じても不思議はない（逆転移）。転移・逆転移といわれる面接関係は，無意識的に生じるもので，関係の深化とともに気づくことが難しくなる可能性が増大する。厄介ではあるが，重要な面接関係の深化現象でもある（氏原・成田，1997）。

　心理療法としての面接関係では，目指したい方向性がありながらも同時に混乱や傷つきや危険への可能性に関する慎重な配慮が求められる。こうした面接関係をどう生きるかが，まさに心理療法の面接過程では必須課題になる。つまり矛盾し二律背反する二重性が，まさに必然として展開する人間関係の過程そのものが，面接関係の根本構造であり，それはパーソナリティの基本構造に由来することを本質にしているのである。心は，こうした危険性に対して，自発的・自動的に自己調節・制御する自律性をもっているとも考えられるが，心理療法の面接関係では，クライエントの実害防止を第一義に，セラピストはスーパービジョンを含む自己研鑽により，専門知識や意識的制御を超える心の働きへの対応力を十分に備えることが肝要である（藤原，2005a）。

　面接関係では，人間・心・パーソナリティの理解と関わり方において，常に背反や逆説を示唆する態度や考え方，あるいは相対立する両者を正と正の葛藤状態を必然課題として生き抜く力量が要請される。H. S. サリヴァン（H. S. Sullivan）の「関与しながらの観察」といわれることは，この最も身近で象徴的な表現であると考えられる（Sullivan, 1954）。この観察・客観的な視点，言語というコミュニケーションの一律で共通的な「枠」が，じつは面接過程の深まりや内的体験の深まりに応じて，あらためてきわめて重要で積極的なリアリティ機能をもってくる。

　パーソナリティの中核，クライエントの心の中心領域・深層構造に関わるためには，その表現を促進する場と信頼関係が必須であり，面接関係では，むしろ逆に日常・現実・客観といった面接枠，内的な枠組みとしてのパーソナリティ理論や面接技法が，セラピストの専門性・専門的力量として重要になるのである。この力量は，あるいは心身の健康とみずからのパーソナリティを十全に生かしながらセラピストが現実の常識的な日常生活を適応的に生きる力であり，

それこそがクライエントと共に生きる面接関係の力なのではないか。心理療法の面接関係は，生身のクライエントと生身のセラピストが相互に求め合い，創造し合い，それぞれの〈私〉を十全に生かし合うパーソナリティの創造的な体験過程といえる。心理療法としての面接法が立脚する本質な観点である。

◆ **その他の面接形態による面接関係**

　面接法における具体的な人間関係は，個別的で主観的であり，まさにケースバイケースで，個々の事例性に基本を置かざるをえない。そもそもが比較できない個別・独自のパーソナリティの表現といえる。その意味で，臨床心理面接の基本は，一対一の個人心理療法が基本モデルになる。ここでは，これまで述べてきた個人心理療法の輪郭を明確化するために，同じ基盤に立つ近接の代表的な面接形態を紹介し，一対一の面接法を理解するための参考として紹介する。

　(1) 並行面接　　並行面接（concomitant interview）は，あるクライエントとの面接に並行して，当人に関わりの深い人と面接を行う形態である。この形態では，それぞれ別のセラピストが担当するのが原則であるが，同一のセラピストの場合もある。

　この面接形態での面接目標は，当事者間で解決できるように準備するためである。例えば，遊戯療法などの子どもへの援助に際して，父母や担任教師などとの並行面接をもつことは，かなり一般的である。また近年は，身体疾患や発達障害などを抱えた人への療育支援や高齢者介護に携わる人への支援の際に，他の専門家と連携して多様な並行面接を行うことも多くなっている。

　この形態で行う場合には，相互に絡まった状況だけに，並行分離して取り組む課題の違いや個別性を大切にすること，面接の相手を明確に意識して進めることが大切である。複数のセラピストが連携して進めていく際に，この点での曖昧化が，個々の面接関係を混乱させる可能性に留意する必要がある。

　(2) 合同面接　　合同面接（conjoint interview）の面接形態は，クライエントの関係者を同じ面接場面に加えて，全員をクライエンントと見なして進める。合同療法とも呼ばれ，家族療法，集団療育訓練や集団遊戯療法など多様なグループ・アプローチが開発されている。

　この面接では，面接場面を共有しているクライエント同士の相互作用をねらうことが重点がある。セラピストには，どのように関与し，どうスタンスをと

り，個々のクライエントにどう注目していくのか，といった多様でダイナミックな関わり方が求められる。また，並行面接で課題になることが，セラピスト間，クライエント間で，いっそう実際問題になりやすい。セラピストには，この面接形態での相互作用の利点とともに，混乱やトラブルなどへの対応を含む関わり方に専門的な力量を備える必要がある。そのためには，むしろ個別面接の力量が大きな備えになる可能性を考えておく必要がある。

(3) **訪問面接** 通常の面接形態は，クライエントが訪れてくることを原則にしている。この訪問面接（visiting interview）は，あらかじめ備えをもった相談機関や面接室でクライエントを待つのとは逆に，クライエントの暮らしの場にセラピストが出向いて行う設定の面接である。

不登校や家庭内暴力をはじめ教育支援などにおいて求められる場合，心身の障害のため来談が難しい場合，病院内でベッドサイドなどで行う場合，高齢者支援や被災者支援などを含む多くの場合に行われる面接形態である。

この面接は，相手の生活場面で，守秘義務や場所など面接設定の課題から始まる。訪問しても会えない状態から出発することも少なくない。自室に入室許可を得て行う場合など面接状況は多様である。また面接を提案し，同時にクライエント中心・主導で進めるので，通常の面接と違って，突発的や事態や想定外の新鮮な課題に臨機応変に取り組む実践的な力量が求められる。

しかし，いわばクライエントの暮らしの本拠地での面接なので，暮らしの実際場面や状況に関する生の情報が得られやすいとか，クライエントが安全な条件のもとで応じやすい利点などから，通常では思いもかけない展開を見る可能性も期待できる（田嶌，2009）。今後，この方向での展関がおおいに期待される面があるので，通常の面接で培った専門的視点や関係技法を基本モデルと自覚して，訪問状況ならではの可能性をどう生かしていくか，それをクライエントとの面接過程で新しく創造していく力量を，さらに開発していく必要がある。その際に，スーパービジョン面接，コンサルテーション面接などに関する理解と実践力を深めることが大切であることを指摘しておきたい。

〔参考文献〕
   ◇ 土居健郎『方法としての面接——臨床家のために』医学書院，1977

◇　藤原勝紀『からだ体験モードで学ぶカウンセリング』ナカニシヤ出版，2003
◇　藤原勝紀・皆藤章・田中康裕編『心理臨床における臨床イメージ体験』京大心理臨床シリーズ6，創元社，2008
◇　河合俊雄『心理臨床の理論』心理臨床の基礎2，岩波書店，2000
◇　前田重治『心理面接の技術――精神分析的心理療法入門』慶應通信，1976
◇　成田善弘・氏原寛編『共感と解釈――続・臨床の現場から』人文書院，1999
◇　鈴木二郎『治療としての面接』金剛出版，2001

――**藤原勝紀**

第9章　攻撃性と甘えのパーソナリティ

　パーソナリティはある程度の統合性を保っている。だからわれわれは他者と安定した関係を保つことができる。しかし，パーソナリティの統合が脅かされるとき，他者との安定した関係は崩れ人間関係に多くの問題が生じてくる。現代では，このような問題を考えるうえで攻撃性と甘えの概念が非常に重要になってきている。本章では主に心理療法的視点からこれらの概念について述べることにする。

1　攻撃性と甘えの定義

　「攻撃性」(aggression) とは日本語そのものの攻撃的という意味から，西洋では積極的，活動的ということまでを含む多様な意味をもつ言葉である。精神分析では「他人を傷つけ，危害を加え，強制し，辱めるといった行動を，現実的ないしは幻想的な様式で実現する傾向あるいはこれら諸傾向の総体」(Laplanche & Pontalis, 1967) のことをいう。怒り，敵意，憎悪，怨みなどの感情が攻撃性のもとになる。それらは人間に基本的な衝動である。そうした感情が対象に向けられたとき，攻撃性という形で現れることになる。心理療法においてもこのような意味で攻撃性という用語を用いている。クライエントの攻撃性，心理療法家の攻撃性といった具合である。
　一方，「甘え」(amae) とは「日本人のパーソナリティ構造を理解するための鍵概念」として土居 (1971) が用いた用語である。しかしそれは日本人に特有

の言葉でありながら，人間に共通の心理現象を表している。臨床的には，甘えとは他者に対して向けられる，愛されたい，一体になりたいという欲求を意味する。すなわち，愛情希求，依存欲求，一体化願望などの欲求である。これも人間に基本的な衝動である。

　以上の定義に従って，攻撃性と甘えのパーソナリティについて以降に述べることにする。ただその前に，重要な1点を簡潔に指摘しておく。それは，臨床的にいえば，攻撃性と甘えとはまったく異なる概念ではないということである。表面的に攻撃性を示してはいても，その深層には甘えの心理が働いていることは，心理療法の実践の中でよく体験することである。したがって，この人は攻撃的なパーソナリティをもっているとか，依存的なパーソナリティをもっているなどと，表面的な行動によって短絡的に判断するのではなく，そこにどのような心の深層の動きがあるのかを理解しようとすることが重要である。表面的な行動のみでは人間のパーソナリティは理解しえない。他者のパーソナリティを表面的な行動のみで判断し，それでその人のことがわかったと高を括っていることほど愚かなことはない。

　このようなことを踏まえたうえで，まずパーソナリティの発達という観点から甘えと攻撃性について述べた後，現代の心理療法の実践の中で関心がもたれている問題について，甘えと攻撃性という側面から述べることにする。

2　パーソナリティの発達から見た攻撃性と甘え

◆ 甘えと攻撃性の源泉

　パーソナリティ形成の過程において，甘えが最も顕著に認められるのは乳児期である。この時期，乳児は母親ないしは母親代理者との間で母子一体感の体験をする。それなくしては自我は誕生しない。それによって乳児はこの世界が自分を攻撃し迫害する恐るべき性質のものではなく，自分に安心感を与えてくれるものであることを感じる。これが基本的信頼感である。それによって共感的人間関係の基盤の第一歩が確立される。

　ここでより厳密にいうと，母子一体の共生（symbiosis）段階では甘えという言葉を用いるのはまだ適切ではない。なぜなら，甘えとは対象志向的な心の働

きだからである。この時期でいえば，それは乳児から母親へと向けられる欲求にほかならない。したがって，甘えの心理は乳児が母親を自分とは別の存在であると感じたときに働くといえる。それは通常1歳半から始まる。M. マーラー（M. Mohler）のいう「分離－個体化」(separation-individuation) の段階である。しかし，甘えという言葉をより広くとらえれば，この言葉によって母親はこの時期の乳児の心理的欲求を空想的に理解することができるともいえる。例えば，乳児が泣くとき，「あら，おっぱいが欲しくて甘えてるんだわ」との健康な空想を母親が抱くこともあるだろう。あるいはまた，生後6カ月頃より見られる「人見知り」は，乳児が他者と母親とを区別するようになったことの現れであるから，すでに乳児期に甘えの心理が働いていたと考えてもよいだろう。

　このように見ると，甘えの源泉は乳児期にあり，それはパーソナリティの発達にとって不可欠の重要な欲求であるということができる。

　もし母親との関係の中でこうした体験が十分に得られなければ，乳児は基本的信頼感を獲得することができず，世界は自分を迫害する恐怖に満ちたものとして体験される。それは将来の対人関係を著しく歪め，他者は自分に攻撃を加える存在として，意識的・無意識的に体験されることになる。

　さて，M. クライン（M. Klein）によれば，乳児は空想の中で，母親に愛や憎しみを感じているという。詳細は第3章に述べたので簡略に述べると，乳児にとって母親は，自分を迫害する悪い母親と自分を保護してくれるよい母親に分裂している。そしてそれが内的対象を形成する。こうして形成された内的対象は現実の母親との関係によってその性質を強める。すなわち，母親に無視される体験は悪い母親の性質を強め，母親に愛される体験はよい母親の性質を強めるのである。

　乳児期後半になると，現実の安定した母子関係が維持されることによって，分裂していた内的対象は母親として1つに統合されるようになる。母親は自分を愛し保護してくれる存在であるとともに，自分を迫害し苦痛を与える存在であることに乳児は気づく。そうなると，乳児は母親に対して愛と憎しみの両面的な (ambivalent) 感情を抱く。そうして，母親に対して甘えの心理を向けるとともに，攻撃性をも向けるようになるのである。

　このようにクラインの説を見ると，甘えと攻撃性の源泉は乳児期の母子関係

の中に認められることがわかる。

◆ 攻撃性の行動化

　乳児期以降青年期に至るまでは，子どもにはまだまだ甘えの体験が必要である。すなわち，依存することのできる，自分を保護してくれる安定基盤がまだ必要なのである。そうした基盤をもちながらしだいに自我を成長させていく。しかし，その安定基盤はみずからが獲得したものではなく，いわばしつらえられたものである。そして，安定基盤をみずから獲得しなければならない時期がくる。それが青年期である。

　青年期には攻撃性が最も顕著に現れる。攻撃性が強まり行動化に至れば，それは反抗や暴力という形をとる。昭和40年代であれば学生運動という形で攻撃性は社会に対して向けられることもあった。現代では，ときには家庭内暴力や校内暴力といった深刻な問題が生じる。あるいは，それほど深刻ではなくても，若者は親や教師に反抗し，大人の行動の矛盾を鋭く突いてくる。ここで，こうした攻撃性の行動化を前にして，それを単に反道徳的であるといい切ってしまうと，そうした攻撃性の一面しか見られなくなってしまう。また，相手以上の暴力なり権力によってそれを押さえ込んでしまうと，それは攻撃性に対して攻撃性で応じるという非生産的な結果を産む危険性がある。このような対応ではなく，そうした攻撃性の深層の動きを理解しようとすることが必要である。すなわち，この時期の攻撃性はパーソナリティの発達と深く関連しているのである。

　第3章においてすでに述べたように，この時期の課題は自我の確立にある。この時期になると，これまで抱き慈しみ育んでくれた母なるものが自分を抱え込んで離さず，自分を殺してしまう否定的存在として感じられるようになる。ユング派の言葉でいえば，グレートマザー元型のもつ二面性，特に否定的側面が顕著に働くのである。そして若者は，自我を確立するために母なるものを象徴的に殺さねばならない。それをE. ノイマン（E. Neumann）は「母親殺し」の段階と呼んだ。しかしそれは，現実の母親を殺すのではなく，あくまで象徴的次元でのことである。ここで河合（1983）は，十分な自我の強さがないと，本来内的に行われるべき母親殺しを短絡的に行動化し，現実の母親を殺してしまう場合がわが国でしばしば見られると重要な指摘をしている。この指摘は，家

庭内暴力において母親に暴力をふるう子どもの心理を理解するうえで示唆的である。子どもは現実の母親に暴力をふるいながら、その母親の背後にある母なるものに向かって対決しているのである。

　また、こうした攻撃性と、甘えの心理とは深く関連している。土居（1971）はこうした若者の反抗の背景には、一種の甘え甘やかすという馴れ合いの関係が見られる場合があり、そこには父親の権威が感じられないと鋭い指摘を行っている。この指摘は現代家族ひいては現代日本の社会構造の問題へと発展するものである。また、日本が母性社会であることは河合（1976）がつとに強調するところである。これらの指摘は非常に興味深いが、パーソナリティの問題からは離れるので、ここでは甘えの心理が日本社会の心理をも説明する鍵概念であることを言及するにとどめておく。

　さて次に、現代の心理療法において関心がもたれている2つの病理現象を紹介することにする。それらはいずれも、甘えと攻撃性のパーソナリティについて多くを考えさせてくれるものである。

3　被虐待児症候群

◆ 被虐待児症候群とは

　(1) 定　　義　佐藤（1985）によれば、「被虐待児症候群」とは、「被殴打児症候群」(the battered child syndrome)、「児童虐待」(child abuse)、「児童の非偶発的傷害」(non-accidental injurie to children)、「虐待される子ども」(the maltreated child) などと呼ばれている病理現象の、日本における総括的訳語である。簡潔にいえば、偶発的に生じたものではなく、他者によって児童に加えられる虐待のことである。

　(2) 虐待を加える者　虐待を加えるのはたいていは保護的立場にいる大人であり、実父母であることが多い（図9-1）。また、池田（1985）によれば虐待する親の年齢は20〜30代に多い。これは虐待が通常乳幼児期から始まることをも意味している。そして、被虐待児症候群の家庭は多くの問題を抱えており、家族の危機状況にあるといわれている。アメリカではその家庭の90％以上が経済的問題を抱えているという調査結果もある。しかし、わが国のような経済

---【コラム9-1 ● 白雪姫】---

　子どもをいじめるのは継母であるという一面的な思い込みは誤解である。有名なグリム童話の『白雪姫と七人の小人たち』では白雪姫を殺害したのは継母となっているが，これはじつはグリム兄弟によって改変されたことであり，もとになる民話では殺害したのは実母であることがわかっている（佐藤，1985）。つまりこの物語は，実母による実子殺害の話なのである。母性愛が尊ばれるあまり，実の母親が実の子を殺すなどというあまりに悲惨なことは容認できなかったのであろう。

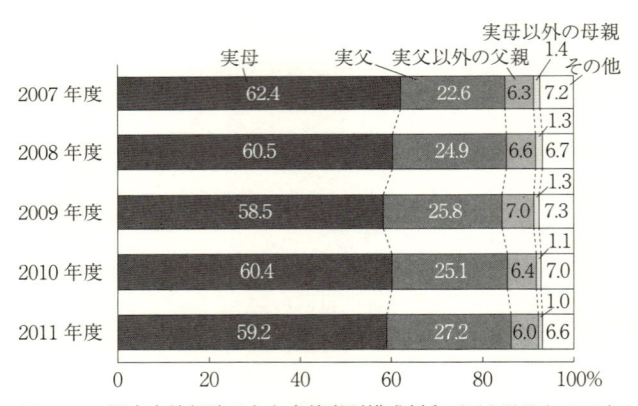

年度	実母	実父	実父以外の父親	実母以外の母親	その他
2007年度	62.4	22.6	6.3	1.4	7.2
2008年度	60.5	24.9	6.6	1.3	6.7
2009年度	58.5	25.8	7.0	1.3	7.3
2010年度	60.4	25.1	6.4	1.1	7.0
2011年度	59.2	27.2	6.0	1.0	6.6

図9-1　児童虐待相談の主な虐待者別構成割合（厚生労働省，2012）
　（注）　2010年度は，東日本大震災の影響により，福島県を除いて集計した数値である。

的に豊かな国では，多くの問題はあるにせよ，この調査をそのまま鵜呑みにすることもできないと思われる。また，虐待する親が精神病であることもあるが，そうでない場合もある。しかも，外面的には一見何の問題もないように見える家族，高学歴の親の家族にも子どもへの虐待はありうる。

　虐待する親は，これは虐待というほどの仕打ちではないと思っているか，子どもが悪いことをするからしつけとしてやっているなどと理屈づけしているか，世間に漏れないように隠している場合がほとんどである。

　(3) 虐待の種類　殴る，蹴る，首を締める，地面や壁に叩きつける，マッチやたばこの火をつける，熱湯をかける，監禁する，食べ物を与えない，刃物で刺す，逆さ吊りにする，性的暴行（主に父親の娘に対する），あるいはさま

ざまな言語的虐待など，その種類は多岐にわたり，ときには死に至ることすらある。

◆ 被虐待児症候群の深層

被虐待児症候群について概観したが，あまりにもすさまじい親の子どもに対する攻撃性の行動化である。そうした親にいいようのない怒りを禁じえない人も多いことだろう。しかしそこには，虐待する親の深い苦悩が潜んでいることも忘れてはならない。単に親が悪いと否定的な見解をもつだけでは，この問題を真に理解することはできない。

それでは，このような親子関係の深層では何が起こっているのだろうか。現代社会において虐待は1つの社会現象となっており，その件数も相当に増えている。そして，こうした事態に直接関わる児童相談所などは対応に追われる日々でもある。また，虐待を巡って法律の改正も行われたりしている。このように，虐待という事態は加速度的に現代社会に深刻な影を投げかけているが，ここでは臨床心理学の領域において，このテーマを指摘した先がけである精神分析家の佐藤紀子の考え方を述べることにしたい。佐藤（1985）はこの点について精神分析的視点から鋭い考察を行っており，心理療法の実際においても示唆するところが大きく，また現代の事情にも十分に対応できる論を展開している。ここではそれを参考にしつつ，被虐待児症候群の病理について述べることにする。

母子関係における基本的信頼感が最も必要とされる乳児期から虐待は始まる。この時期に虐待されることによって，子どもは「僕はこの世界に生きていてもいいんだ」という根源的な安心感の感覚を得ることができなくなる。すなわち，虐待される子どもは基本的信頼感の形成が損なわれてしまっている。そして否定的な自己像が形成される。子どもは，自分は愛されるに値しない人間であると確信するようになる。

また，見捨てられ不安（abandonment anxiety）を回避するための病的自我防衛が発達する。すなわち，親を非難したり反抗したりしてこれ以上親から見捨てられたらもっと恐いと思うようになる。

さらに，母親と子どもは内的に一体化（共生）の状態にある。つまり，母親の内的イメージが自分自身の内的イメージと分離していない共生段階にあるの

で，母親を憎むことは自分を攻撃することにつながる。したがって，子どもは母親に反抗したり，非難や攻撃性を向けることができないのである。虐待される子どもがそのことを第三者に訴えることをしないのは，このような心理が働いているからである。攻撃性を働かせることができない自虐的なパーソナリティをそこに見ることができる。

このような病理のために，子どもにとって母親ひいてはすべての人間は自分を攻撃し，憎むだけの存在として位置づけられることになる。また，自分自身も無力で，なすすべのない人間であるという否定的な自己評価をもつに至るのである。

けれども，子どもはやはり母親から愛されたいと希求している。この甘えの欲求を母親との関係の中で満たすために，子どもは病的な防衛機制（defense mechanism）を働かせる。それが分裂（splitting）機制である。

人間のパーソナリティは二面性をもっている。つまり，人間は本来善の部分も悪の部分もあって，それがある程度統合されているからこそ，他者との関係を維持していくことができるのである。他者から多少の攻撃性を向けられてもそれで関係が断絶してしまうことはない。しかし，分裂機制が働くと，本来よいところも悪いところもある人間の一方だけが意識され，もう一方が意識されなくなるという心理状態に陥る。子どもは甘えの欲求を満たすために母親の善の部分だけを意識するようになる。「私はあなたをよいお母さんと思っています。ですから，どうか私を愛してください，見捨てないでください」という心理状態である。

先に述べたクラインの発達論に従えば，母親に攻撃されるという悪い体験は，内的に悪い母親イメージを形成する。しかしそうしたイメージでは愛されたいという甘えの欲求を満たすことができないので，子どもは悪い母親イメージを無意識下深くに追いやり，空想の中でよい母親イメージをつくり上げる。そうなると，母親イメージの統合がなされなくなる。このような他者に対する見方が固着してしまうと，他者を善か悪かに二極化してとらえるようになってしまう。

以上，子どもの側面から母子関係の深層を述べてきた。そこには，母親の攻撃性の行動化（虐待）に対する，子どもの愛情希求（甘えの欲求）を充足させる

ための内的心理を見ることができる。しかし、親はなぜ子どもを虐待するのであろうか。佐藤（1985）は、子どもを虐待する親は、自分の幼少期にも同じように虐待された体験を被っていると指摘する。

虐待された子どもは否定的な自己評価をもっている。パーソナリティが成長するにつれ、子どもはその否定的な自己評価を克服したいという欲求を抱くようになる。つまり、劣等感や無力感を克服し、肯定的な自己像を形成しようとするのである。こうした欲求それ自体は健康なものであり、誰しも抱くものである。しかし、幼少期に虐待された体験をもつ親は、その際、子どもを相手としてそれを行う。子どもを虐待することによって自分の無力感を克服しようとするのである。つまり、幼少期に絶大な権力をもっていた親のそのやり方を取り入れてしまうのである。このようにして、虐待された子どもは虐待する親になるという連鎖が形成される。したがって、この悪しき連鎖を断ち切ることこそが被虐待児症候群という病理現象の解決に必要なのであって、心理療法はそのための一手段となるのである。

◆ 被虐待児症候群の心理療法

治療について述べることは本章の主旨ではないが、心理療法に関して重要と思われることをパーソナリティの観点から述べておくことにする。

このような症例に出会うと、どうしても虐待する親に対して、親が悪いという否定的感情、子どもがかわいそうだという同情的感情を禁じえない。ここで、そうした感情が湧いてくること自体が被虐待児症候群のもつ問題の深刻性を表しているといえる。このような見方は親や子どものパーソナリティの一面をとらえたものにすぎない。そして、そのことこそ子どもが働かせている病的な防衛機制なのであり、親が幼少期から身につけてきた対人関係の見方なのである。心理療法の実際においては、心理療法家はこのような一面的な見方に偏らず、親はみずからの否定的自己評価を克服しようとしており、子どもは生きていくために不可欠な甘えの体験を得ようとしている、つまりどちらもパーソナリティの成長へと向かう試みを行っているのだということを十分に認識しておくことが必要である。その現れが被虐待児症候群という悪しき状態なのである。心理療法家は一個のパーソナリティ全体でもって親や子どもに関わることが必要である。しかし、それは困難でかつ時間のかかる地道な作業である。

またさらに，被虐待児症候群を単に母子関係の面からのみ理解するのではなく，家族全体の視点から理解しようと試みることも大切である。母親と子どものパーソナリティについて言及してきたが，家族内力動，いわば家族のパーソナリティとでもいえるものが個々の家族にはあるわけであり，こうした家族のパーソナリティの成長のための試練としてこのような問題が顕在化していると見ることもできるように思われる。

4 境界例

◉ 境界例とは

(1) 定　義　1970年代半ばから，心理療法の領域では「境界例」（borderline case）への関心が高まってきた。当初境界例は，神経症と統合失調症の境界にある状態のことを指していた。ときに神経症的な状態を呈したり，またときには統合失調症的な状態を示したりする。すなわち，神経症とも統合失調症ともいえない中間的な状態が長期にわたり持続する場合を境界例と呼んでいた。それは不安定性の中の安定とでもいえる状態である。

しかし，現在では境界例をパーソナリティ障害（personality disorder）の1つとしてとらえようとする見方が一般的になってきている。パーソナリティ障害とは，環境に対する適応が困難になり，社会生活や職業生活に不適応が生じ，対人関係に困難や苦痛を抱くようになる場合をいう。現代社会は著しい速度で変化してやまない。このような社会への適応が人間には求められている。その変化に適応できない人が増えているが，それは現代社会が抱える問題の1つの顕在化であるのかもしれない。

さて，パーソナリティ障害にはごく軽症のものから重篤なものまでが含まれる。境界例は重篤なパーソナリティ障害の1つとして位置づけることができる。境界例の症状としては，アイデンティティの混乱，不安定な対人関係，衝動のコントロールができない，孤独に対する不耐性，自傷行為，慢性的な空虚感，などが挙げられる。では次に，より具体的に境界例のクライエントについて述べることにする。

(2) クライエント像　境界例のクライエントは，将来に対する不安などと

いった漠然とした訴えで相談にくることが多い。話を聴いていると自分の人生についてよく考えていると思わされたりする。心理療法を開始してしばらくは時間や場所、料金といった治療の枠を守り、心理療法家に対して非常に適応的で陽性の転移を向ける。「先生は私の話をよく聴いてくれる、これまで先生のような人には出会ったことがない」、ときには「先生は神様のようだ」などとほめちぎり、心理療法家に依存欲求を強く向けてくる。そこには甘えのパーソナリティが働いている。そして、心理療法家に対して、「先生は若い頃、どんなことを考えていたんですか」とか、「……については先生はどう思いますか」などと、心理療法家の考えや個人的なことを尋ねてきたりする。これは、心理療法家の考えを取り入れようとする一体化の欲求である。

そうこうするうち、二者択一の質問をしてくるようになる。それに応えて、心理療法家が「こうした方がいい」などと促すと、それがうまくいかなかった場合、「私は本当はそうしない方がいいと思っていた。だけど先生はその方がいいと言ったのでそうした。うまくいかなかったのは先生の言う通りにしたからだ。どうしてくれるんだ」などと攻撃性を向けてくる。「よくまあ、そんなことで専門家面してますね」などと猛烈な攻撃性である。あるいは、「私はこんなに苦しんでいるのに、先生はたった50分で終わりと言うんですか。それならいいですよ先生だけ帰れば、私はずっとここを動きませんからね」などと心理療法家を困惑させたり、また夜半に電話をかけてきたりと、治療の枠を守らなくなる。心理療法家も最初は冷静に対応するが、あまりの攻撃性についには抑えがたい腹立ちを体験するようになる。そしてときに彼らは、自殺を企図したりする。

このように、最初は心理療法家に甘えのパーソナリティを働かせ、心理療法家を神様のようにほめちぎり、次に攻撃的パーソナリティを働かせ、悪魔のように心理療法家を憎悪する。そうした事態に振りまわされて、治療は困難を極める。

精神分析では、このような境界例にも被虐待児症候群と同じような病理があると考える。

◆ **境界例の深層**

精神分析では境界例のクライエントの病理を前エディプス期の問題、つまり

【コラム9-2● 片　　子】

　昔話は現代人にとって多くの示唆を含むものである。「片子の話」を取り上げてみよう。
　あるところに若夫婦が住んでいたが，妻が鬼にさらわれてしまい，夫は妻を捜しに旅に出る。10年後に鬼が島を訪ねると，そこに身体の左半分が人間，右半分が鬼の10歳くらいの子どもがいて，自分は「片子」と呼ばれ，父親は鬼の頭で母親は人間であるという。片子の案内で鬼の家へ行き母親に会うと，その女性は自分の妻であった。そこで夫は妻を連れて帰ろうとするが，鬼はそれを許さない。しかし，片子の知恵で何度かの危機を乗り越えて，無事に日本に帰ってくる。その後，片子は「鬼子」と呼ばれて誰にも相手にされず，日本に居づらくなった片子はとうとう自殺してしまう。
　この片子のイメージはいろいろな意味の分裂として考えることができる。河合（1989）は境界例について述べるなかで，片子に境界例の分裂のイメージを見る。そして，境界例のクライエントが心理療法家に向ける分裂のどちらをも否定することなく許容することが必要であると説く。また，このような分裂は現代人の心の中に存在しており，現代人は片子を排除する（殺す）ことなく，それを生かし続ける努力をする必要があると示唆している。

乳幼児期の母子関係（二者関係）に原因があるととらえる。J. F. マスターソン（Masterson, 1972）は境界例の病理を発達的に検討し，1歳半から3歳の幼年期に発達停止があると指摘している。すなわち，分離－固体化の段階において母親が幼児に愛情供給を行わないため，幼児は「見捨てられ抑うつ」（abandonment depression）を体験し，自我の発達が停止する。そして，この問題が解決されずにいると，青年期になって再び見捨てられ抑うつが体験され，それを防衛する結果，症状が形成される。

　そして特徴的に用いられる防衛機制が被虐待児症候群の深層でも述べた分裂機制である。境界例のクライエントは心理療法家との間で分裂機制を働かせる。すると境界例のクライエントにとって心理療法家は，先に述べたようにときには神様のような絶対的人物として体験され，心理療法家の考えを取り入れようとし，またときには悪魔のような人物として体験されることになる。そして，その分裂にクライエント自身は無意識なのである。

　ここで河合（1986）は境界例を，パーソナリティ発達のある段階に障害が存在していたことを原因として仮定するのではなく，クラインの妄想的分裂的態勢なり，C. G. ユング（C. G. Jung）のいうグレートマザー元型が働く状態にまで

退行を強いられるコンステレーションにあるクライエントととらえているのは，心理療法の実践から見て鋭い指摘である。この指摘から考えると，グレートマザー元型が働く状態は死と密接しているといえる。グレートマザーの否定的な側面が働けば，自我は呑み込まれ，始源のウロボロスの段階へと引き戻される。それは象徴的な死を意味する。このように見ると，境界例のクライエントのその背景には死のコンステレーションが働いているといえる。心理療法家はこのことをよく知っておかなければならないであろう。

さらに河合（1989）は，境界例のもつ現代的意味を文化人類学の知見を引用しつつ示唆的に論じている。簡単に述べるとそれは次のようなものである。

境界例のクライエントは生と死のリミナリティ（境界性）を生きる存在である。そのリミナリティに存在する人間関係の様式をコムニタスと呼ぶ。たしかにマクロの視野から人間存在を眺めた場合，われわれ人間は生と死との間のわずかな境界に存在しているといえる。しかし，通常われわれはそのことを意識することなく安定して日常生活を送っている。現代社会では，その社会構造は明確に把握され，意識的努力でほとんどのことが可能になると考えられている。すなわち，現代社会は真の意味でのイニシエーション儀礼を失っているのである。このような現代社会の影響から心理療法家も無縁ではない。その影響を強く受けると，そこに，先に述べた境界例のクライエントの死のコンステレーションの存在を忘れてしまい，「治す」ことの構造化に注目しすぎてしまうことになる。そうなると，クライエントの境界例的症状が助長される。なぜなら，境界例のクライエントはリミナリティを生きているため，「治る」つまり境界を越えることは象徴的な意味での死を意味するからである。このことから境界例の自殺願望や企図を理解できる。また，心理療法の場というコムニタス状況に境界例のクライエントが満足しないとき，その態度が急変する。ここから境界例の分裂を理解することができる。

◆ 境界例の心理療法

ここでも，被虐待児症候群の心理療法において述べたことと同様，心理療法に関して重要と思われることをパーソナリティの観点から簡単に述べることにする。

境界例というパーソナリティの障害を原因－結果という還元論的な見方でと

らえた場合，その病理からして，心理療法は被虐待児症候群のそれと同様のことがいえる。すなわち，セラピストはみずからのパーソナリティを賭けて境界例のクライエントに関わることが求められる。多くの困難に直面しながらでも治療からけっして身を引かず，どんなことがあってもクライエントの前に存在し続けることがセラピストの仕事として重要である。しかしそれがいかに困難であるかは，心理療法家であればよく知っている。より具体的には境界例のクライエント-セラピスト関係における転移，逆転移の問題になるが，この点については他書に譲ることにする。

しかし，あまりに還元論的な見方は境界例のもつ真の意味を見失う危険性がある。この点は境界例の現代的意味として先に紹介した河合の論考ともつながる。心理療法的にいえば，境界例のクライエントの境界性に敢然と立ち向かうのではなく，それを受け入れることによってその力を弱めることが必要であると河合は説いている。「境界例に対しては，われわれ治療者は『治す』という考えからもう少し自由になり，共に，リミナーズ（境界人）として生きる態度をもつことが必要ではなかろうか」（河合，1989）との指摘はきわめて示唆的である。

〔参考文献〕
 ◇ 土居健郎『「甘え」の構造』弘文堂，1971
 ◇ 河合隼雄『母性社会日本の病理』中央公論社，1976
 ◇ 河合隼雄『心理療法論考』新曜社，1986
 ◇ 河合隼雄『生と死の接点』岩波書店，1989
 ◇ 佐藤紀子『白雪姫コンプレックス』金子書房，1985

——皆藤　章

第 10 章 障害の現代的意味とパーソナリティの成長

本章では，第3章において述べられた通常のパーソナリティの発達を踏まえたうえで，障害とパーソナリティの成長について述べることにする。障害ということをどのように考えたらよいであろうか，あるいはまた，障害をもつ人間とそこに関わる人々という視点で見たとき，彼らをどのように理解したらよいのであろうか。本章では，こうした点について知識的に取り扱うだけでなく，具体的な例を交えながら，心理療法の視点からも述べることにする。

1 現代社会における障害の意味

◆ 因果論から見た障害

障害を字義通りにとらえると，「妨げ」「邪魔」などの意である。つまり，通常そうであると考えられている状態が何らかの要因によって妨げられている場合を障害という。人間を対象とすると，それは心身の健全な状態が妨げられている事態のことである。本章でも，障害をこのような広い意味で用いることにする。このように見ると，どのような方法であれ障害を治療するということは，健全な状態を妨げているものを究明しそれを除去するということになる。すなわちそこには，障害のもとになる原因を発見しそれを除去するというモデルが存在する。

心理療法の領域でこのようなモデルを確立したのはS.フロイト（S. Freud）である。フロイトはその時代に注目されていたヒステリーの治療を通して，そ

の原因は症状を生ぜしめている心的内容が無意識下に抑圧されているためであるとし，それを意識化することによってヒステリー症状が消失することを明らかにした。彼の学説はその後多くの修正を経ているが，基本的にはこのような原因－結果の関係の中で心の障害を理解していこうとする立場にある。したがって，心理療法に際しては，結果として症状を生ぜしめているのは，クライエントのこれまでのパーソナリティ発達のある段階における障害が原因となっていると仮定することになる。

　そもそも，自然科学はこのような因果論的モデルによって成立している。そして，自然科学の発展は近代社会を形成してきた。それは偉大なことであり，現代社会に暮らすわれわれはその恩恵をおおいに受けている。そして，因果論的なものの見方を知らず知らず身につけてきている。このような見方でこの世の事象すべてを解明できる，とまではいわないにしても，意識的努力でほとんどのことが解明できると思っている。心理療法の実践に身を置いていると，このようなことを痛感させられることがじつに多い。

　例えば，不登校の子どもを抱える親の相談では，子どもの状態や経過の話の次に，「先生，なぜこの子は学校に行かないんでしょう？」との問いが出ることが多い。子どもが学校に行かないのは何か原因があるに違いない，それを突き止めて取り除いてやれば学校に行くようになる，といった考え方である。ところが，原因はそんなに簡単にわかるものではない。仮に，学校で特定の子にいじめられているとわかって，学校と連絡をとりいじめに合わないようにしたり，あるいは転校させたりする。しかし，子どもはやはり学校に行かない。このような事態に接するとき，現代人の因果論的なものの見方の強大さを痛感させられる。それとともに，このような見方のみでは不登校を理解することはできないことを痛感させられるのである（コラム10－1）。

　因果論的な考え方では，障害をなくしていくこと，つまり非障害化に重点が置かれている。これはきわめて重要なことである。障害をなくすことによって現実的な幸福がもたらされるからである。しかしながら，先の不登校の例に限らず，現代の心理療法の実践においては因果論的なものの見方では対処しきれない障害が存在する（第9章参照）。そして，このような見方とは異なる見方が必要になってきている。その1つとして目的論的なものの見方がある。

第 10 章　障害の現代的意味とパーソナリティの成長　177

【コラム 10 - 1 ● 家庭内暴力】

　家庭内暴力の子どもが母親に暴力をふるう現場にたまたま居合わせたことがあった。心理療法の訓練を受けるはるか以前のことである。普段は礼儀正しくおとなしい子どものすさまじい暴力を目の当たりにして，筆者はそれを止めに入ったのだが，その筆者に対して母親は泣きながら，「先生，止めないでください。私が悪いんですから。この子が暴力をふるうのは私のせいなんです」と悲痛な声で叫んだのであった。こうした事態を前にして筆者は無力であった。筆者は，母親の叫びを聞いて，この背景には母子の深い心の問題があると直感したのだが，その問題を理解することができないままに子どもを止めるしかなかったことに深い無力感を抱いていたのであった。

　いま思うと，母親は「この子はなぜ暴力をふるうんだろう？」との自問を果てしなく繰り返していたのではなかろうか。それは答えのない問いである。しかし，母親はその問いから逃れることはできなかった。そして「私が悪い」という母親なりの答えを得たのである。しかし，子どもが相手にしていたのは，私が悪いと思い込んだ現実の母親ではなく，その背後にある，母なるものの否定的側面（テリブル・マザー）であったと思われるのである。E. ノイマン（E. Neumann）が「母親殺し」の段階と呼んだ，本来内的に行われるべき課題を，突き上げてくる衝動を抑えきれず現実の母親を相手として行わなければならなかった子どもの深い苦悩をそこに見ることができる。暴力をふるう者が悪いという当時の筆者の思いと，暴力をふるわれるような私が悪いという母親の思い。子どもが母親が悪いとしたところで，家庭内暴力は収まらない。それは，因果論的なものの見方の行き着く果ての，1つの悲惨な出来事であったように思われる。

　こうした事態は何も特別のことではない。日常のささいな事態に対しても，悪者探しをすることで解決を図ろうとすることはよくあることである。しかし，それによって解決できない事態にあっては，因果論的なものの見方とは異なる見方が必要になってくる。

◉ 目的論から見た障害

　目的論的なものの見方は心理療法の実践の中から生まれてきた。それは，クライエントの「なぜ？」の問いに対して外面的な理由を探るのではなく，クライエントの障害を意味ある発展性をもったものとしてとらえていこうとする見方である。そこでは，「なぜ？」の問いは「何のために？」という問いに置き換わる。

　例えば，「なぜこの子は学校へ行かないのか？」ではなく，「何のためにこの子は学校へ行かないのか？」というように考えてみる。子どもが学校に行かないのには何かそれなりの意味がある。それはとりあえずは誰にもわからない。

そして，その意味をクライエントと共に考えていこうとする。そうした取り組みを続けるなかで，しだいに子どものパーソナリティが成長してくる。そして，問題が解決されたとき，学校へ行かないという外的な事実は子どものパーソナリティの成長という内的な目的を担っていたものであることが理解される。論を明快にするためにきわめて簡略に述べたが，実際は，不登校はそんなに簡単に解決される問題ではなく，その途上にはクライエント，心理療法家，家族，学校などの長く地道な取り組みがある。

さて，このような実践的体験を積み重ねるなかで，クライエントの障害を発展可能性を担ったものであるととらえる目的論的見方が生じてきたのである。ここで大切なことは，障害が発展可能性をもっているかどうかの真偽ではなく，そのようにとらえた方がクライエントとその周囲に生じている事態を理解できることが多いということである。その発展可能性は，クライエントのパーソナリティの成長だけではない。

例えば，障害が家族の再構成の意味をもつこともある。中年の危機において，夫婦の問題はしばしば子どもに顕現し，子どもが不登校になったりすることがあるが，この場合は中年の危機や不登校という障害は家族の再構成という意味をもっている。これらの障害との取り組みの中で，子どものパーソナリティも成長していくことになる。

◆ **目的論の難しさ**

目的論的なものの見方は相当に困難なものである。それは，現代人が因果論的なものの見方をあまりに強固にしており，かつ先に述べたようにその恩恵をおおいに受けているからであろう。そして現代では，その困難さを鮮明に示していることとして，末期患者への心理療法的関わりを挙げることができる。

近代の西洋医学の進歩にはめざましいものがある。西洋医学は心と身体を切り離し，身体を客観的に観察することで発展してきた。そのおかげで人間は健康を獲得し，より長い人生を生きることができるようになった。しかしその一方で，医学ではなすすべのない患者，健康へと復帰させることのできない患者がいる。不治の病と呼ばれる人々がそれである。終末期を生きる人がそうである。忘れてはならないのは，現代社会に特徴的な慢性疾患である。例えば糖尿病は，現代医療では完治の望めない疾患である。医学はまだ不死の薬を見出し

ていないし、将来もまたそうであろう。彼らの病気の原因はわかっている。しかしそれを取り除くことはできない。因果論的な考え方は彼らの前ではまったく無力である。しかし、自分の人生の意味や目的を考える終末期を生きる人から、「私は何のために生まれてきたんですか？」と問われて、その問いに簡単に応えることができるであろうか。目的論的に、例えばがんになったことにはどんな意味があるのかを探求しようとしても、それは一面から見れば、あまりにも虚しい試みである。彼らは近い将来、必ず死ぬからである。

　このように見ると、目的論的なものの見方の難しさがよくわかる。またそのことには、心理療法そのものの性質も関係している。

　心理療法はその背景として、暗黙のうちに、身体の生を基盤とする傾向がある。すなわち、クライエントにはこれから先まだ生きられる時間が相当に残されているという暗黙の了解が心理療法家とクライエントにはある。もちろん、自殺未遂などクライエントが暗黙の了解を超えてしまい、身体の生死に心理療法家が直面させられる場合も多いが、その場合でもやはりクライエントの生への適応ということに心理療法家は重心を置いている。彼らは身体的に確実に死ぬことを予定されてはいないのである。

　このように見ると、心理療法における現代的課題の1つとしていえるのは、死への適応という視点から人間存在を考えるということである。「死の受容」という大きな課題を現代の心理療法は背負っている。そして、この課題に答えていくことが目的論的なものの見方には必要である。

◆ コスモロジー

　先に述べた心理療法の現代的課題を考えるうえで、コスモロジーという観点は大きな示唆を与えてくれる。河合（1983）によれば、コスモロジーとは、この世に存在するすべてのものを対象化するのではなく、そこに自分を入れ込むことによって世界を1つの全体性をもったイメージへとつくり上げることである。したがって、これまで切り捨ててきたものを自分という存在と関係づけるなかで把握することが必要になる。

　健康に人生を送っているときは、障害や死ということは切り捨てられている。しかし、ひとたびそうしたことの近くに身を置いたとき、自分の障害や死のみならず、それが肉親や最愛の人の場合であっても、これまで切り捨ててきた障

害や死をいかにして自分のコスモロジーに取り入れるかに取り組まなければならない。

　障害が自分に起こったとき，あるいは自分に身近なこととして起こったとき，そこにはこれまでの生き方とは異なる生き方，人生観が求められている。因果論的なものの見方からの転換が必要とされることもある。河合（1989）は，これまで述べてきたような自然科学主義に対する反逆として，境界例（第9章参照）や心身症（第3章参照）が生じてきたと述べている。

2　障害とパーソナリティの発達

　ここでは，これまで述べてきたようなことを，実際例を交えながら具体的に述べることにする。なお，本事例は皆藤（1998）に掲載されたものである。
◆ 障害の子どもをもつ母親の成長
　(1)　**事例1**　　ある身体障害者施設，そこには身体障害をもつ子どもとその母親の相談室があり，筆者はそこで働く職員の心理指導員（スーパーバイザー）として関わっていた。システムは，子どもはプレイルームで専門の指導員が1対1で担当し，子どもの障害に応じた専門的関わりをし，別室で母親数人とカウンセラー1人による母親面接（集団心理療法）をするという形である。筆者は子どもと母親の場に適宜参加し，母親の話を聴いたり，子どもの状態について指導員と話し合ったりというかなり自由な立場にいた。

　あるとき，母親面接の場では，障害をもつわが子とどのように接していけばよいのかが話し合われていた。子どもの障害はさまざまで，最重度の子どもから比較的軽度の子どもまでが含まれていた。ある母親が子どもを他児とどのように関わらせたらよいかについての悩みを話し始めたところ，それを聞いていた別の母親が，「あなたのところはまだましよ，そんなことで悩むなんて。私の子はまったく動けもしないし，他の子と関わるなんてとんでもない。そんなん，悩みのうちに入らないわ」と語気強くその母親の話をさえぎった。そして，「こんな子がいたって何の意味があるっていうの。幸せな人生を送れるわけでもないし，ましてや結婚なんてできやしない。こんな子いない方がいい。殺してしまいたい」とさらりと言われた。カウンセラーが即座に，「そんなことを

言ってはいけない」と応じたところ、それに対し、「先生にはこんな子をもった親の気持ちなんてわからないんだ、だからそんなことが言えるんだ」と、母親は語気を荒げてカウンセラーの言葉を否定した。そして、誰も何も言えなくなった。

❶　母親の苦悩

　この母親の言葉には母であることの悲しみが込められている。カウンセラーは道徳的な観点から母親の言葉に対応しているが、問題はそうした次元のことではない。わが子に障害があると知ったときの母親の衝撃には言語を絶するものがある。「なぜこんなことになってしまったのか？」という、安直な回答を許さない深い問いがそこにはある。例えば「遺伝だから」などという回答は、たとえそれが事実であったとしても、それで母親の苦悩が解消されるわけでは毛頭ない。ましてや、センチメンタルな態度は何の意味もなさない。

　そこには母性の深い苦悩がある。すでに第3章において述べたように、母性の深層には子どもを慈しみ育む肯定的な面と、子どもを取り込み殺してしまう否定的な面がある。この母親の場合、障害をもつわが子を殺してしまいたいという母性の深層にある否定的な面が働いていたと見ることもできる。子どもに障害があることによって、母親はそうした否定的な面に直面することを余儀なくされたのである。

❷　心理療法家の姿勢

　誰しもが幸福を願う。苦痛に見舞われたとき、誰もがその苦痛から逃れたいと思う。しかし心理療法家は、クライエントがみずからの苦しみと正面から向き合っていくことを援助する。「こうした方がいい」「そんなことはしてはいけない」などという具体的な判断をせずに、あらゆることに開かれた態度でクライエントと接するのである。それは、いかに苦しくとも、クライエントが自分の人生と正面から取り組むことを願う姿勢である。しかし、こうした姿勢がいかに難しいかは事例に述べたカウンセラーの発言からもよくわかる。

　この母親の場合、障害の子をもったという事実は生涯消えない。いわば、逃れることのできない現実である。この現実を背負って生きていかなければならないところに深い苦悩がある。こうした現実の「事実」を自分の「体験」としていかに受け止めていくか、その過程をクライエントと共にするのが心理療法

家である。その過程は、母親が思い描いていた幸福な人生設計とは明らかに異なる道である。

❸　否定的な子ども像

さて、事例に戻って、この母親はまず他者と比較することによって自分たち親子が置かれている境遇を把握しようとした。こうしたことは誰しもが行うことである。青年期において、「自分はいったい何者なのか？」の問いに答えを得るために、若者は他者と比較することによって自分を知ろうとする。この母親の場合、他者と比較することによって知った自分たち親子はあまりにも否定的な像であった。どんなに頑張って関わろうともわが子は健常にはならない。障害はなくなることはないし、健常な発達過程を歩むこともない。障害の子をもつ母親と関わっていると、この覚知が相当に深く母親の心に刻印されていることを思い知らされる。

例えば、「お母さん、〇〇ちゃんね、今日ちょっと歩けたのよ」と話す指導員に対し、「そうですか、でもね、普通に歩けるわけではないしね」との返答を母親から受けることは珍しいことではない。子どもの成長という事実に対して、母親の心には、わが子はどんなに頑張っても健常にはならないという否定的子ども像が刻印されているのである。障害をもつ子どもの成長を母親が受け入れていくには時間がかかる。そして、その時間こそがかけがえのない時間なのである。子どもの成長に気がつかない現代の多くの親のことを思うと、それがよくわかる。

❹　障害をもつ子ども

ここで、障害をもつ子どものことについて述べておきたい。希望的見方でも楽観的見方でもなく、人間は心身ともに常に成長可能性をもっている。それは心身の障害の有無にかかわらない。障害をなくすことができればこんなに喜ばしいことはないが、なくすことが困難な、あるいはなくせない障害を抱えている場合がある。しかし、彼らは成長する。障害をもつ子の発達は、目に見える結果としては遅々たる歩みであったり、あるいは目に見える結果として現れない場合があったりする。外面の発達と内的な発達とが必ずしも歩調を合わせるわけではない。けれども、そこには障害をもって発達するというまぎれもない事実が存在する。

第10章　障害の現代的意味とパーソナリティの成長　183

　ここでは身体障害を例に挙げたが，障害が心理的なものであっても，障害をなくすことそれ自体ではなく，障害をもって発達することにも大きな意味があることを理解する必要がある。そして，そうした歩みを共にすることが心理療法の現代的意味の1つであるといえる。

❺　ソウル・メーキング

　心理療法においては，人生過程のある時点で訪れたクライエントに対して，心理療法家はこれまでのクライエントの人生におけるパーソナリティの形成を踏まえたうえで，これから先の人生におけるクライエントのパーソナリティの発達に関与していこうとする。そうした関係の中で，心理療法家のパーソナリティも同様に，心理療法の場に関わることになる。このように，心理療法はパーソナリティ形成に開かれた場を提供する。それは，クライエントと心理療法家双方にとって，かけがえのない時間として体験される。

　現代人は目に見える結果を追求するあまり，目に見えない心の深層のことを忘れ去ってきた。河合（1984）はその深層に存在するものを「魂」と呼んだ。また，J. ヒルマン（Hillman, 1975）は世界に対する特別なものの見方を意味する言葉として魂という用語を用いている。それは，心の深層のイメージにエネルギーを傾けることによって，「事象」を「体験」へと変換させるものであるという。そして，そうしたあり方をヒルマンは「ソウル・メーキング」（soul-making）と呼んでいる。このように見ると，障害の子をもつ母親の歩みはソウル・メーキングの過程であるといえる。そしてその過程の中で，母親は障害という「事象」をみずからの「体験」として心の中に入れ込む仕事をなさなければならない。

　さて，このような歩みは受け入れ難いものとの直面を余儀なくする。子の母親にとっては，それは子どもの障害であった。「殺してしまいたい」との言葉はその直面の中から出てきたものである。しかし，われわれはこの母親の言葉を非道徳であると否定しきってしまえるだろうか。われわれだって受け入れ難いものとの直面を避け，それを心の深層で殺してしまっていることがあるのではなかろうか。

　(2)　事例2　　ここで，別の母子の例を挙げることにする。先の事例と同じ身体障害者施設でのことである。子どもは生後1カ月で化膿性髄膜炎によ

る後遺症が認められ，加えて脳性麻痺，てんかん，視覚障害（全盲）という最重度の障害を抱えていた。母親にとってははじめてもうけた男の子であった。子どもを抱いて来室してきた母親の硬い表情が印象的であった。

　無口な母親であったが刺すような鋭い視線を周囲に向けることが多かった。母親面接の場では時として，「そんなことして何になるんですか」とか，「まわりに文句を言ったところで誰かが何かをしてくれるわけもない」といった言葉で周囲との同調を拒むことがあり，カウンセラーも対応に苦慮していた。センチメンタルな態度はこの母親の頑なな姿勢をますます強化させるだけであった。

　あるとき，プレイルームで子どもの機能回復のためのボイタ法の訓練を母親がしていたときのことである。子どもにとってはつらい訓練であったろう，苦痛の泣き声がプレイルームを包んでいた。母親は一心不乱にストップウォッチを見ながら訓練をしていた。そして，「手伝いましょうか」と近寄った指導員に「ほっといてください」との母親の痛烈な言葉が返ってきたのである。

❶　母親の心理

　この母親はわが子の障害を自分のうちに一身に受け入れていこうとしており，そのために他者との交流がうまくいかなくなっている，と筆者には思われた。そして，じっくり母親の言葉を聴き，見守るようにとカウンセラーに傾聴を促していた。しかし，母親の姿勢は堅く，容易に他者を受け入れない。

　障害をみずからの体験として受け入れようとする姿勢は，時に周囲との摩擦を生じさせる。心的エネルギーを内界へと向けているため，周囲からの関わりに気持ちを向ける余裕がないのである。また，福祉体制に不満をぶつける母親も多いが，この母親はこのような外界に心的エネルギーを向ける母親とは折り合えない。

❷　見守ることの難しさ

　この母子を見守るつらい時間が過ぎていった。人との関わりにおいては，なすべき何かがあることの方がまだしも楽である。そこにエネルギーを注ぐことができるからである。具体的には何もせずに見守ることの方がずっと難しい。

　H.S. サリヴァン（H. S. Sullivan）を紹介した A. H. チャップマン（Chapman, 1980）によると，サリヴァンは身体障害の子どもの食事の世話について，子どもたちが大人によって体験の機会を取り上げられていることを指摘している。

第10章 障害の現代的意味とパーソナリティの成長

> 【コラム10-2 ● ヒルベルという子がいた】
>
> P. ヘルトリング (Härtlling, 1973) の『ヒルベルという子がいた』は、ヒルベルという障害をもった子が存在することの意味を教えてくれる。
>
> ヒルベルは原因不明の不治の頭痛に苦しんでいた。父親は不明で、母親にも見棄てられ、子どもの施設に収容されていた。物語はその施設でのヒルベルと彼に関わる大人たちとのさまざまな出来事が中心になって展開する。ヒルベルは多くの事件やもめごとを起こした。しかし、そのことによって逆に、大人たちはヒルベルから多くのことを学ぶ。1つ例を挙げると、ヒルベルの素晴らしい声を聞いて、彼を声楽家にしようと考えたオルガン奏者のクンツさんは、オルガンの伴奏で歌を歌わせようとするが、ヒルベルはオルガンの伴奏が自分のメロディと違うことを主張する。そこでクンツさんは、ヒルベルに作曲家や作曲について話してきかせるが、ヒルベルは納得しない。そして、教会での演奏会でとうとうヒルベルは伴奏なしで歌うことになった。その美しい歌声に聴衆は感動して惜しみない拍手を送ったのであった。河合（1985）が指摘するように、クンツさんはヒルベルによって音楽そのものを知ったのであった。
>
> また、この物語の最後はじつに印象的である。警官が脱走したヒルベルを施設に連れてきたとき、ヒルベルは身体ごと泣きわめいた。それを見たカルロス先生は発作だとしてヒルベルを病院に送ったのであった。しばらくすると、施設でヒルベルのことを覚えている者はマイヤー先生だけになっていた。そして彼女は思う、「あの子は、その後どうなったのかしら」。ここで物語は終わる。河合（1985）の深い指摘を引用しておこう。「何もかもが解り切っていて、常識通りに運んでいるように見えるこの世界に、ヒルベルの存在を許すや否や、われわれはすべてのものが異なって見えてくることを感じるであろう。ヒルベルにいったい何ができるのか、などということをわれわれは思い悩む必要などないのである。ヒルベルが、ただそこにいてくれるということ、そのことが測り知れぬ意味をわれわれにもたらすのである」。

　すなわち、大人はそのような子どもの食事のたどたどしさやぎこちなさを見守ることができずに、この子はうまく食事ができないから世話をしてやらなければならないとして、子どもに食事を食べさせる。しかし、そのことによって、子どもはせっかくの食事の体験の機会が奪われているのである。

　このように、見守ることは相当に難しい。心理療法において、心理療法家は開かれた態度でクライエントと相対するわけであるが、そのような態度を維持することの難しさをしばしば思い知らされる。例えば、毎回毎回クライエントの話に耳を傾けることが数年続くと、心理療法家には、「このままでいいんだろうか？」とか「こんなことをしていてクライエントは本当に学校に行くよう

になるのだろうか？」などの疑問が生じてくることがある。そうなると，心理療法家は開かれた態度ではなく現実的な価値観に身を置いてしまい，かけがえのない時間の体験の中に身を委ねることができなくなる。

けれども，心理療法家はそうした現実的な価値観をもった人間でもあることを忘れてはならないであろう。心理療法によってクライエントの問題が解決されればそれは喜ばしいことである。例えば不登校の子が学校に行くようになれば，心理療法家としては，それはクライエントの幸福として素直に喜べることである。こうした現実のクライエントの幸福を願う心も心理療法家には必要である。でなければ，心理療法はあまりに非現実的なものになり，ときには破壊的にすら働くことになりかねない。

❸ 母親の成長可能性

さて，事例に戻って，母親を見守りながらの長い時間は一見何の変化も見せず淡々と進んだ。母親は休むことなく通所してきた。身体障害の子を抱えながら，かなりの距離をバスに乗って往復する道のりは，母親にとって相当につらいものであったことは容易に想像できる。世間の目，気休めの言葉，そうしたものにさらされながら，母親は自分に障害をもつ子どもがいることの意味を考え続けていたのではなかろうか。このように考えた筆者は，折にふれてカウンセラーや指導員に，休まず通所してくることそのものがこの母子にとって非常に大きなかけがえのない意味をもっており，またそこに母親の成長の可能性が感じられることを話したりした。

❹ 母親の変化

このような時間の経過の中で母親は少しずつ変化してきた。しだいに指導員やカウンセラーとの関係がほぐれ，彼らの言葉や援助を受け入れる姿勢が出てきたのである。例えば，子どもの機能回復の訓練の補助を指導員に任せることができるようになってきた。

そしてあるとき，母親は次のように語ったのである。

「先生，やっとわかりました。この子がいて私がいるんですね。そして，私がいてこの子がいるんですね」。

一見何気ないように聞こえるこの言葉には，障害をもつわが子を自分との関係の中に受け入れることができた母親の思いが込められている。母子に関わっ

た者たちは深い感動をもってその言葉を聞いた。母親は明るさを取り戻し，豊かな表情で子どもや指導員たちと接することができるようになった。じつに大きなパーソナリティの変化であるが，しかしそれは，ソウル・メーキングの過程における1つの通過点に過ぎない。その後，母親は保育所や小学校という現実との関係の中で，子どもと共にいかに生きてゆくかという課題と取り組むことになった。

❺ 心理療法と時

心理療法の実践では，このような深い感動を味わうときがある。それはパーソナリティの成長のひとこまである。しかし，このようなときを迎えるために，それ以前の長く地道なときがあったことを忘れてはならない。それは，時として数年，十数年という長い時間を要することがある。パーソナリティ変容のときは予定されているものではない。また，そのときが訪れないこともある。

ひとくちにパーソナリティの変容といっても，それはじつに大変なことである。人間はそんなに容易に自分の生き方を変えることはできない。クライエントにとっては，心理療法家はこれまでの自分の価値観を破壊する者として映るときもあるし，あるいはまた，このような困難な仕事にどちらかが背を向けてしまうときもある。けれども，この困難な過程における長く地道な1回1回のクライエントとの関わりこそが，パーソナリティ変容のためのかけがえのないときなのである。

以上，障害の子をもつ母親の事例を紹介しながら，心理療法とパーソナリティの成長について述べた。ここでは主に母親について述べたが，実際には父親，祖父母，心理療法家など障害をもつ子と関わる者それぞれに，障害を自分の体験として受け入れていくことが求められていることはいうまでもない。

しかし実際には，ソウル・メーキングなどということは，これまでの当人の人生の歴史にはなかった特別なことであり，じつに困難な過程である。河合（1984）も述べるように，それは生涯をかけてつくるものであり，現実的な利益には何の役にも立たないものである。しかしそれは，「その人の存在を深みにおいて支えるものである」（河合，1984）。

また，こうした仕事は現代人すべてに課せられたことであるともいえる。われわれはともすれば受け入れ難いものから目を背けたり，それを忘れ去ろうと

【コラム 10-3 ● 青 い 鳥】

　よく知られた M. メーテルリンク (Maeterlink, 1909) の『青い鳥』は，現代人に多くの示唆を含んでいる。その1つを紹介しよう。
　チルチルとミチルは幸せの青い鳥を探していくつかの国を訪れる。そして「未来の国」を訪れたときのことである。そこには，これから生まれ出ようとするたくさんの子どもたちがいる。そして，生まれ出るためには何かをもっていかなくてはいけない決まりになっている。ある子どもにチルチルは尋ねる。「袋の中になにをいれているの？ ……何かもってきてくれるの？」。それに答えて子どもは「（とても，とくいそうに）病気を三つもっていくんだ。しょうこう熱と，百日ぜきと，はしかと……」。チルチルは驚いて「そんなに？ ……それからなにするの？ ……」。子ども「それから？ ……死んでしまうのさ……」。チルチル「それじゃ生まれたってつまんないな……」。子ども「そうきまってるんだもの，しかたないさ」。
　このくだりを読んで筆者が思ったのは，死ぬために生まれる子どもがいる，しかしその子は病気をもたなければ生まれてはこられない，ということである。われわれは子どもが言うように，このことを「しかたない」で済ましておいてよいのであろうか。障害をもつ子が真に生きていく意味を，死にゆく者が残された時間を生き抜くことの意味を，われわれ現代人は他人事としてではなく自分の体験として考えることが必要なのではなかろうか。

したりする。極端な場合にはそれを葬り去ろうとしたりもする。現代において，障害をもつ子を殺害する悲惨な事件が起きていることをわれわれは他人事として忘れてはならない。

〔参考文献〕
◇　P. ヘルトリング（上田真而子訳）『ヒルベルという子がいた』偕成社，1978
◇　飯田真・笠原嘉・河合隼雄・佐治守夫・中井久夫編『ライフサイクル』精神の科学 6，岩波書店，1983
◇　河合隼雄『日本人とアイデンティティ――心理療法家の眼』創元社，1984
◇　河合隼雄『子どもの本を読む』光村図書，1985
◇　河合隼雄『心理療法論考』新曜社，1986
◇　河合隼雄『生と死の接点』岩波書店，1989
◇　M. メーテルリンク（若月紫蘭訳）『青い鳥』岩波書店，1951

――皆藤　章

引用文献

第1章

Carter, P. (1974). *Madatan*. Oxford University Press.(犬飼和雄訳, 1997『果てしなき戦い』ぬぶん児童図書出版)

藤岡喜愛 (1988).「ミミの姿をめぐる試論――オーストラリアのロックペインティングから」衣笠茂編『歴史と伝承――もうひとつの視角』ミネルヴァ書房, pp. 128-151.

堀尾輝久 (1983).「人間の正体への問い」飯田真・笠原嘉・河合隼雄・佐治守夫・中井久夫編『パーソナリティ』精神の科学2, 月報, 岩波書店

磯貝芳郎 (1989).「高層住宅の子どもたち」依田明責任編集『性格形成』性格心理学新講座2, 金子書房, pp. 27-28.

北村晴朗監修 (1978).『心理学小辞典』協同出版

Kretschmer, E. (1921). *Körperbau und Charakter: Untersuchungen zum Konstitutionsproblem und zur Lehre von den Temperamenten*. Springer.(相場均訳, 1960『体格と性格――体質の問題および気質の学説によせる研究』文光堂)

中澤潤 (1990).「行動観察」安香宏責任編集『性格の理解』性格心理学新講座4, 金子書房, pp. 89-104.

西村洲衞男 (1978).「思春期の心理――自我体験の考察」中井久夫・山中康裕編『思春期の精神病理と治療』岩崎学術出版社, pp. 255-285.

岡田康伸 (1984).『箱庭療法の基礎』誠信書房

Robinson, J. G. (1967). *When Marnie was there*. Collons.(松野正子訳, 1980『思い出のマーニー 上・下』岩波書店)

佐治守夫 (1983).「概説」飯田真・笠原嘉・河合隼雄・佐治守夫・中井久夫編『パーソナリティ』精神の科学2, 岩波書店, pp. 1-51.

佐野洋子 (1982).『わたしが妹だったとき』偕成社

関根康正 (1982).「原風景試論――原風景と生活空間の創造に関する一考察」『季刊人類学』**13**(1), 164-191.

Slee, P. T. (1987). *Child observation skills*. Croom Helm.

Vogel, I. (1976). *My twin sister Erika*. Harper & Row.(掛川恭子訳, 1977『ふたりのひみつ』あかね書房)

第2章

Ellenberger, H. F. (1970). *The discovery of the unconscious: The history and evolution of dynamic psychiatry*. Basic Books. (木村敏・中井久夫監訳, 1980『無意識の発見――力動精神医学発達史 上・下』弘文堂)

Jaffé, A. (1977). *C. G. Jung: Bild und Wort*. Walter. (氏原寛訳, 1995『ユング――そのイメージとことば』誠信書房)

Kretschmer, E. (1921). *Körperbau und Charakter: Untersuchungen zum Konstitutionsproblem und zur Lehre von den Temperamenten*. Springer. (相場均訳, 1960『体格と性格――体質の問題および気質の学説によせる研究』文光堂)

岡田康伸 (1995).「個別理論 (7) ――トランスパーソナル心理学」河合隼雄監修, 山中康裕・森野礼一・村山正治編『原理・理論』臨床心理学1, 創元社, pp. 199-212.

ロージァズ, C. R. (伊東博編訳) (1967).『パースナリティ理論』ロージァズ全集8, 岩崎学術出版社

佐々木承玄 (2002).『こころの秘密――フロイトの夢と悲しみ』新曜社

吉福伸逸 (1987).『トランスパーソナルとは何か』春秋社

第3章

Eliade, M. (1958). *Birth and rebirth: The religious meanings of initiation in human culture*. Harper & Brothers. (堀一郎訳, 1971『生と再生』東京大学出版会)

Ellenberger, H. F. (1970). *The discovery of the unconscious: The history and evolution of dynamic psychiatry*. Basic Books. (木村敏・中井久夫監訳, 1980『無意識の発見――力動精神医学発達史 上・下』弘文堂)

Erikson, E. H. (1951). *Childhood and society*. W. W. Norton & Company. (仁科弥生訳, 1977, 1980『幼児期と社会 1, 2』みすず書房)

Erikson, E. H. (1982). *The life cycle completed: A review*. W. W. Norton & Company. (村瀬孝雄・近藤邦夫訳, 1989『ライフサイクル, その完結』みすず書房)

神谷美恵子 (1974).『こころの旅』日本評論社

神谷美恵子 (1980).『人間をみつめて』神谷美恵子著作集2, みすず書房

河合隼雄 (1976).『母性社会日本の病理』中央公論社

河合隼雄 (1983).「概説」飯田真・笠原嘉・河合隼雄・佐治守夫・中井久夫編『ライフサイクル』精神の科学6, 岩波書店, pp. 1-54.

Klein, M. (1975). *Writings of Melanie Klein, Vol. 3: Envy and gratitude and other works, 1946-1963*. Hogarth Press. (小此木啓吾・岩崎徹也責任編訳, 1985『妄想的・分裂的世界』メラニー・クライン著作集4, 誠信書房。小此木啓吾・岩崎徹也

責任編訳, 1986『羨望と感謝』メラニー・クライン著作集 5, 誠信書房)
Kleinman, A. (1989). *The illness narratives: Suffering, healing, and the human condition.* Basic Books. (江口重幸・上野豪志・五木田紳訳, 1996『病いの語り——慢性の病いをめぐる臨床人類学』誠信書房)
Kleinman, A. (2006). *What really matters: Living a moral life amidst uncertainty and danger.* Oxford University Press. (皆藤章監訳, 高橋洋訳, 2011『八つの人生の物語——不確かで危険に満ちた時代を道徳的に生きるということ』誠信書房)
Kübler-Ross, E. (1969). *On death and dying.* Macmillan. (川口正吉訳, 1971『死ぬ瞬間』読売新聞社)
前田重治 (1985).『図説 臨床精神分析学』誠信書房
Moody, R. A. (1975). *Life after life.* Charles E. Tuttle. (中山善之訳, 1977『かいまみた死後の世界』評論社)
Neumann, E. (1971). *Ursprungsgeschichte des Bewusstseins.* Walter-Verlag. (林道義訳, 1984, 1985『意識の起源史 上・下』紀伊國屋書店)
Sullivan, H. S. (1940). *Conceptions of modern psychiatry: The first William Alanson White memorial lectures.* W. W. Norton & Company. (中井久夫・山口隆訳, 1976『現代精神医学の概念』みすず書房)
竹内敏晴 (1983).『子どものからだとことば』晶文社
Winnicott, D. W. (1965). *The maturational processes and the facilitating environment: Studies in the theory of emotional development.* Hogarth Press. (牛島定信訳, 1977『情緒発達の精神分析理論——自我の芽ばえと母なるもの』岩崎学術出版社)
Winnicott, D. W. (1978). *Through paediatrics to psycho-analysis.* Hogarth Press. (北山修監訳, 1989『小児医学から児童分析へ』ウィニコット臨床論文集 1, 岩崎学術出版社。北山修監訳, 1990『児童分析から精神分析へ』ウィニコット臨床論文集 2, 岩崎学術出版社)
Zolotow, C., & Blegvad, E. (1978). *Someone new.* Harper & Row. (みらいなな訳, 1990『あたらしい ぼく』童話屋)

第 4 章

河合隼雄編 (1977).『心理療法の実際』誠信書房
岡田康伸 (1993).『箱庭療法の展開』誠信書房
岡田康伸 (2007).「終結について」京都大学大学院教育学研究科・心理教育相談室紀要『臨床心理事例研究』**33**, 11-12.

第5章

American Psychiatric Association (2000). *Diagnostic and statistical manual of mental disorders*, 4th ed., text revision. American Psychiatric Association.（高橋三郎・大野裕・染矢俊幸訳，2003『DSM-IV-TR 精神疾患の診断・統計マニュアル（新訂版）』医学書院）

飛鳥井望（1983）.「病気と人格――病前性格論を中心として」飯田真・笠原嘉・河合隼雄・佐治守夫・中井久夫編『パーソナリティ』精神の科学2，岩波書店，pp. 169-208.

馬場禮子（1999）.『精神分析的心理療法の実践――クライエントに出会う前に』岩崎学術出版社

土居健郎（1961）.『精神療法と精神分析』金子書房

土居健郎（1992）.『方法としての面接――臨床家のために（新訂）』医学書院

Friedman, M., & Rosenman, R. H.（1974）. *Type A behavior and your heart*. Knopf.（新里里春訳，1993『タイプA――性格と心臓病』創元社）

木村敏（1994）.『心の病理を考える』岩波書店

齋藤久美子（1991）.「人格理解の理論と方法」河合隼雄監修，三好暁光・氏原寛編『アセスメント』臨床心理学2，創元社，pp. 151-184.

Tellenbach, H.（1983）. *Melancholie: Problemgeschichte, Endogenität, Typologie, Pathogenese, Klinik. Mit einem Exkurs in die manisch-melancholische Region*, 4. erw. Aufl. Ed. Springer.（木村敏訳，1985『メランコリー（改訂増補版）』みすず書房）

米倉五郎（1995）.「心理アセスメントとは」野島一彦編『臨床心理学への招待』ミネルヴァ書房，pp. 56-65.

第6章

安香宏・藤田宗和編（1997）.『臨床事例から学ぶ TAT 解釈の実際』新曜社

Exner Jr., J. E.（2002）. *The Rorschach: A comprehensive system, Vol. 1: Basic foundations and principles of interpretation*, 4th ed. Wiley.（中村紀子・野田昌道監訳，2009『ロールシャッハ・テスト――包括システムの基礎と解釈の原理』金剛出版）

秦一士（2010）.『P-F スタディ アセスメント要領』北大路書房

片口安史（1987）.『新・心理診断法――ロールシャッハ・テストの解説と研究（改訂）』金子書房

片口安史・早川幸夫（1989）.『構成的文章完成法（K-SCT）解説』千葉テストセンター

片口安史監修（1993）.『ロールシャッハ・テストの学習――片口法スコアリング入門』金子書房

Koch, K. (1957). *Der Baumtest: Der Baumzeichenversuch als psychodiagnostisches Hilfsmittel*, 3. Aufl. Hans Huber. (岸本寛史・中島ナミオ・宮崎忠男訳, 2010『バウムテスト――心理的見立ての補助手段としてのバウム画研究（第3版）』誠信書房)

Korchin, S. J. (1976). *Modern clinical psychology: Principles of intervention in the clinic and community.* Basic Books. (村瀬孝雄訳, 1980『現代臨床心理学――クリニックとコミュニティにおける介入の原理』弘文堂)

前川久男編（2003）．『K-ABC アセスメントと指導――解釈の進め方と指導の実際（第6版）』丸善メイツ

Machover, K. (1949). *Personality projection in the drawing of the human figure: A method of personality investigation.* Charles C. Thomas. (深田尚彦訳, 1998『人物画への性格投影』描画心理学双書1, 黎明書房)

Naglieri, J. A. (1999). *Essentials of CAS assessment.* Wiley. (前川久男・中山健・岡崎慎治訳, 2010『エッセンシャルズ DN-CAS による心理アセスメント』日本文化科学社)

中村淳子・大川一郎（2003）．「田中ビネー知能検査開発の歴史」『立命館人間科学研究』 **6**, 93-111.

中村紀子（2010）．『ロールシャッハ・テスト講義1 基礎篇』金剛出版

野呂浩史・荒川和歌子・井出正吾編（2011）．『わかりやすい MMPI 活用ハンドブック――施行から臨床応用まで』金剛出版

岡部祥平・菊池道子（1993）．『ロールシャッハ・テスト Q & A』星和書店

Piaget, J. (1947). *La psychologie de l'intelligence.* A. Colin. (波多野完治・滝沢武久訳, 1960/1998『知能の心理学』みすず書房)

Rorschach H. (1972). *Psychodiagnostik: Methodik und Ergebnisse eines Wahrnehmungsdiagnostischen Experiments (Deutenlassen von Zufallsformen)*, 9. durchges. Aufl. Hans Huber. (鈴木睦夫訳, 1999『新・完訳 精神診断学――付 形態解釈実験の活用』金子書房)

Rosenzweig, S. (1978). *Aggressive behavior and the Rosenzweig picture-frustration study.* Praeger. (秦一士訳, 2006『攻撃行動と P-F スタディ』北大路書房)

佐野勝男・槙田仁（1972）．『精研式文章完成法テスト解説――成人用（新訂版）』金子書房

鈴木治太郎（1956）．『実際的・個別的智能測定法（改訂版）』東洋図書

鈴木睦夫（1997）．『TAT の世界――物語分析の実際』誠信書房

東京大学医学部心療内科 TEG 研究会編（2006）．『新版 TEGII 解説とエゴグラム・パターン』金子書房

坪内順子（1996）．『TAT アナリシス——生きた人格診断』垣内出版
辻岡美延（2000）．『新性格検査法——Y-G 性格検査実施・応用・研究手引』日本心理テスト研究所
Wechsler, D. (1939). *The measurement of adult intelligence*. Williams & Wilkins.

第 7 章

Finn, S. E. (1996). *Manual for using the MMPI-2 as a therapeutic intervention*. University of Minnesota Press.（田澤安弘・酒木保訳，2007『MMPI で学ぶ心理査定フィードバック面接マニュアル』金剛出版）
井上晶子（1984）．「ロールシャッハ・テストからロールシャッハ面接へ」『ロールシャッハ研究 XXVI』金子書房，pp. 13-26.
角野善宏（1999）．「精神療法の過程と心理検査——風景構成法」『精神療法』**25**(1)（特集：心理検査と精神療法），金剛出版，pp. 16-23.
河合隼雄（1999）．「心理検査と精神療法」『精神療法』**25**(1)（特集：心理検査と精神療法），金剛出版，pp. 3-7.
小山充道（2008）．「心理アセスメントのフィードバック」小山充道編『必携 臨床心理アセスメント』金剛出版，pp. 483-495.
倉光修（1999）．「精神療法への導入と心理検査——物語作成テスト」『精神療法』**25**(1)（特集：心理検査と精神療法），金剛出版，pp. 24-30.
中村紀子・中村伸一（1999）．「ロールシャッハ・フィードバック・セッション（Rorschach Feedback Session：RFBS）の方法と効用」『精神療法』**25**(1)（特集：心理検査と精神療法），金剛出版，pp. 31-38.
竹内健児（2009）．「心理検査の伝え方と活かし方」竹内健児編『事例でわかる心理検査の伝え方・活かし方』金剛出版，pp. 7-23.
山下一夫（1983）．「バウムテストの臨床的研究——精神科入院患者を対象に」『京都大学教育学部紀要』**29**, 184-194.
山下一夫（1998）「心理テストを使ううえでの心得」山中康裕・山下一夫編『臨床心理テスト入門——子どもの心にアプローチする（第 2 版）』実践保健臨床医学双書 5，東山書房，pp. 3-30.

第 8 章

Allport, G. W. (1965). Psychological models for guidance. In R. L. Mosher, R. F. Carle & C. D. Kehas (Eds.), *Guidance: An examination* (pp. 13-23). Harcourt, Brace & World.（小林純一訳，1966「カウンセリングのための心理学的人間像」『現代カウ

ンセリング論』精神科学全書 5，岩崎学術出版社，pp. 15-32)
土居健郎 (1977).『方法としての面接——臨床家のために』医学書院
藤原勝紀 (1990).「面接法」小川捷之・鑪幹八郎・本明寛編『臨床心理学を学ぶ』臨床心理学体系 13，金子書房，pp. 133-144.
藤原勝紀 (2004).「臨床心理学の援助論」大塚義孝編『臨床心理学原論』臨床心理学全書 1，誠信書房，pp. 235-278.
藤原勝紀編 (2005a).『臨床心理スーパーヴィジョン』現代のエスプリ別冊，至文堂
藤原勝紀 (2005b).「イメージ療法」坂田三允総編集，萱間真美・櫻庭繁・根本英行・松下正明・山根寛編『精神看護と関連技法』精神看護エクスペール 13，中山書店，pp. 167-175.
保坂亨・中澤潤・大野木裕明編 (2000).『心理学マニュアル 面接法』北大路書房
井村恒郎・木戸幸聖 (1965).「面接」秋元波留夫・井村恒郎・笠松章・三浦岱栄・島崎敏樹・田椽修治編『診断』日本精神医学全書 2，金原出版，pp. 1-24.
河合隼雄 (1986).『心理療法論考』新曜社
河合隼雄 (1991).『イメージの心理学』青土社
小此木啓吾編 (1964).『精神療法の理論と実際』医学書院
Sullivan, H. S. (1954). *The psychiatric interview.* Norton. (中井久夫・松川周二・秋山剛・宮崎隆吉・野口昌也・山口直彦訳，1986『精神医学的面接』みすず書房)
田嶌誠一 (2009).『現実に介入しつつ心に関わる——多面的援助アプローチと臨床の知恵』金剛出版
氏原寛・成田善弘編 (1997).『転移／逆転移——臨床の現場から』人文書院

第 9 章

土居健郎 (1971).『「甘え」の構造』弘文堂
池田由子 (1985).「被虐待児症候群」『臨床精神医学』14(4), 635-638.
河合隼雄 (1976).『母性社会日本の病理』中央公論社
河合隼雄 (1983).「概説」飯田真・笠原嘉・河合隼雄・佐治守夫・中井久夫編『ライフサイクル』精神の科学 6，岩波書店，pp. 1-54.
河合隼雄 (1986).『心理療法論考』新曜社
河合隼雄 (1989).『生と死の接点』岩波書店
河合隼雄 (1991).「時代の病としての境界例」『こころの科学』36, 24-29.
Klein, M. (1975). *Writings of Melanie Klein, Vol. 3: Envy and gratitude and other works, 1946-1963.* Hogarth Press. (小此木啓吾・岩崎徹也責任編訳，1985『妄想的・分裂的世界』メラニー・クライン著作集 4，誠信書房。小此木啓吾・岩崎徹也

責任編訳，1986『羨望と感謝』メラニー・クライン著作集 5，誠信書房）
厚生労働省（2012）.「平成 23 年度 福祉行政報告例の概況」
Laplanche, J., & Pontalis, J.-B. (1967). *Vocabulaire de la psychanalyse*. Press Universitaires de France.（村上仁監訳，1977『精神分析用語辞典』みすず書房）
Masterson, J. F. (1972). *Treatment of the borderline adolescent: A developmental approach*. John Willy & Sons.（成田善弘・笠原嘉訳，1979『青年期境界例の治療』金剛出版）
佐藤紀子（1985）.『白雪姫コンプレックス』金子書房

第 10 章

Chapman, A. H., & Chapman, M. C. M. S. (1980). *Harry Stack Sullivan's concepts of personality development and psychiatric illness*. Brunner/Mazel.（山中康裕監修，武野俊弥・皆藤章訳，1994『サリヴァン入門——その人格発達理論と疾病論』岩崎学術出版社）
Härtling, P. (1973). *Das war der Hirbe: Wie Hirbel ins Heim kam, warum er anders ist als andere und ob ihm zu helfen ist*. Beltz Verlag.（上田真而子訳，1978『ヒルベルという子がいた』偕成社）
Hillman, J. (1975). *Revisioning psychology*. Harper & Row.（入江良平訳，1997『魂の心理学』青土社）
皆藤章（1998）.『生きる心理療法と教育——臨床教育学の視座から』誠信書房
河合隼雄（1983）.「概説」飯田真・笠原嘉・河合隼雄・佐治守夫・中井久夫編『ライフサイクル』精神の科学 6，岩波書店，pp. 1-54.
河合隼雄（1984）.『日本人とアイデンティティ——心理療法家の眼』創元社
河合隼雄（1985）.『子どもの本を読む』光村図書
河合隼雄（1989）.『生と死の接点』岩波書店
Maeterlinck, M. (1909). *L'Oiseau Bleu*. Fasquelle.（若月紫蘭訳，1951『青い鳥』岩波書店）

事項索引

あ 行

愛着　8
アセサー　103
アセスメント　→心理アセスメント，臨床心理アセスメント
　　パーソナリティの——　86
　　不適応状態の——　82
　　変化の——　134
アニマ　37
アニムス　37
甘　え　161, 162, 168, 171
医学モデル　146
移行対象　57
意　志　88
意　識　32
異性関係　91
遺　伝　6
イ　ド　32
イニシエーション　61
依頼者への報告書　132
因果論　176
インテーク面接　149
ウェクスラー式知能検査　104
ウェクスラー・ベルビュー知能尺度　105
内田クレペリン精神検査　118
ウロボロス　53, 173
永遠の少年　62
英雄の誕生　58
エゴグラム　113
エディプス期　34
エディプス・コンプレックス　34, 35, 55
エナンティオドロミー　63
エレクトラ・コンプレックス　35
遠城寺式乳幼児分析的発達検査　110

か 行

外因性　21, 71, 85
外　向　30
改訂日本版デンバー式発達スクリーニング検査　110
カイロス　17
学童期　57
影　12, 37, 73
家系研究　6
家族画　117
家族関係　90
片子　172
価値観　89
家庭内暴力　177
感　覚　30
環　境　7
観　察　21, 94
　　関与しながらの——　156
感　情　30
間接検査　109
気　質　6
基準連関妥当性　102
基　地　10
基本的信頼感　51, 162, 167
虐　待　51, 165
逆転移　130, 156, 174
ギャング・エイジ　57
教育分析　73
教育モデル　146
境界例　21, 58, 170, 180
共　感　154
共感的理解　43, 74
共時性　39
兄　弟　9
京大NX　24, 107
去勢不安　55
クライエント　72
クライエント中心　144
クライエント中心療法　74
クライエント理解　128

グレートファーザー　61
グレートマザー（太母）　38, 54, 61, 164,
　　172
群指数　106
訓　練　148
経　験　43
傾　聴　154
ケースフォーミュレーション　97
元　型　61
原光景　35
言語性 IQ　106
検査者　103, 122
検査法　93
原風景　11
攻撃性　161, 163, 168, 171
口唇期　33, 52
構成概念妥当性　102
構成的文章完成法（K-SCT）　117
構造化面接　91
肯定的配慮への要求　43
行動観察　94
合同面接　157
行動療法　74
行動論的アプローチ　145
肛門期　34, 55
交流分析　112
心の問題状態　141
個人資料票（PDS）　111
個人心理学　40
個人心理療法　157
個人的無意識　36
コスモロジー　64, 179
個性化　17, 38, 43
子育て　51
固　着　35
個別式検査　102
コムニタス　173
コンステレーション（布置）　38, 64, 72, 73,
　　173

さ 行

再検査法　102
細胞共生進化説　18
作業検査法　101, 118
作業療法　75
死　64, 173
　　──の受容　179
自　我　33, 36
　　──の確立　164
　　──の発達　16
自我意識　16
自我同一性　41, 60
自　己　36, 62, 89
自己一致　43, 74
思　考　30
自己概念　42
自己実現　17, 62
自己理解　129
支　持　147
思春期やせ症　59
質問紙法（検査）　24, 101, 111
自然（じねん）モデル　147
社会性　89
社会的関心　40
住宅環境　8
集団式検査　102
集団式知能検査　104, 107
集団療法　75
執着気質　87
十分に機能すること　17, 43
自由連想　35
主　観　92
主観的客観性　24
主　訴　76
主題統覚検査　→TAT
樹木画　117
受　容　154
障　害　175
情　動　88
初回面接　150

女性の獲得　61
自律訓練法　74
心因性　21, 71, 85
人　格　3, 5
進化論　18
神経症　21
心身症　49, 180
深層心理学　31
深層で反応する存在　145
身　体　49
身体像　14
診　断　83, 97
新版 K 式発達検査　109
信頼性　102
心理アセスメント　81, 96, 102, 127
心理検査　24, 93, 101, 121
　　──の臨床的活用　127
心理検査場面　122
心理社会的アセスメント　90
心理療法　71, 141
　　末期患者への──　178
心理力動論的アプローチ　146
スクリーニング　108
鈴木ビネー法　24, 105
スタンフォード・ビネー知能検査　105
性　格　6
性器期　34
成熟モデル　146
精神症状検査　101, 118
精神年齢　105
精神病　21
精神分析　31, 50, 74, 113, 171
生成過程にある存在　146
青年期　58, 164
生の様式　40
世代間継承性　65
世代間伝達　90
折半法　102
セラピー技法　135
セラピスト　72, 122
　　──の 3 条件　43, 72, 74

──のパーソナリティ　72
セラピーへの動機づけ　135
前意識　32
全検査 IQ　106
潜在期　34, 57
双生児法　7
創造の病　63
増分妥当性　102
ソウル・メーキング　183, 187

た　行

体液説　28
体験論的アプローチ　146
第三者情報　95
対象関係論　52
対人関係論　58
第二次性徴　58
タイプ A 行動パターン　86
太　母　→グレートマザー
戦　い　12
妥当性　102
田中ビネー知能検査　105, 108
タナトス　17
魂　183
男根期　34, 55
父親殺し　61
知　能　88, 103
知能検査　24, 101, 104
知能指数（IQ）　104, 105, 107
中年期　63
中年の危機　63
超自我　33, 56
直接検査　109
直　観　30
治療構造　152
津守式乳幼児精神発達検査　110
ディスクレパンシー　106
テスト・バッテリー　24, 103
転　移　125, 156, 171, 174
天地の分離　55
投影（投映）法（検査）　24, 101, 113, 135

統合失調症　58
動作性IQ　106
洞察　148
動的家族画　117
特性論　31
トランスパーソナル心理学　15, 44

な　行

内因性　21, 71, 85
内観療法　75
内向　30
内容妥当性　102
仲間集団　57
乳児期　162
人間観　145
人間関係　91
人間性心理学（人間性アプローチ）　44, 146
認知　88
認知行動療法　74
認知療法　74
能動的想像　39

は　行

バウムテスト　18, 117, 134, 136
箱庭療法　78
パーソナリティ　3, 5, 141
　——のアセスメント　86
　——の局所論　56
　——の進化　18
　——の成熟　17, 73
　——の成長（変化，変容）　73, 77, 153, 175, 187
　——の発達　162
　——の病　20
　——の理解　153
パーソナリティ観　145
パーソナリティ検査　6, 101, 111
パーソナリティ構造　153
パーソナリティ障害　87, 170
パーソナリティ理論　27

発達　47
発達検査　101, 108
発達指数（DQ）　109
発達障害　51
発達年齢（DA）　109
母親殺し　61, 164, 177
半構造化面接　91
反応する存在　145
被虐待児症候群　165
非構造化面接　91
ビネー式知能検査　104
ビネー・シモン尺度　105
ヒューマニスティック心理学　44
表現　148
病前性格　86
病態水準　84
フィードバック　129
風景構成法　117
輻輳説　6
父性　12, 56, 73
布置（コンステレーション）　38, 64, 72, 73, 173
不登校　176
普遍的無意識　36
文化　9
文章完成法　→SCT
分析心理学　31, 36, 113
分離-個体化　163
分裂機制　168, 172
平行検査法　102
並行面接　157
ペルソナ　5, 36, 37, 59
偏差知能指数（DIQ）　107, 108
防衛機制　168
訪問面接　158
母子一体感　11, 54, 162
母子関係　50, 167, 172
補償　40
ホスピタリズム　7
母性　11, 73, 181
母性社会　56, 165

母性剥奪　7
ほどよい母親　50
ホロトロピック・ブリージングワーク　15, 44

ま 行

マターナル・ディプリベーション　7
見捨てられ不安　167
見捨てられ抑うつ　172
見立て　96
無意識　32, 36
無条件の肯定的関心　43, 74
メランコリー親和型性格　87
面接　91, 142
面接関係　153
面接契約　143, 149
　　──による枠　151
面接構造　152
妄想的分裂態勢　52, 172
目的論　177
モラトリアム　60
森田療法　75

や 行

優越性の追求　40
遊戯期　55
友人関係　90
ユング派　36, 53, 62, 73, 164
幼児期　54
抑うつ態勢　52

ら 行

ライフサイクル論　41, 47, 51
ラポール　72
リビドー　33
リミナリティ　173
療育　109
臨床心理アセスメント　81, 121, 150
臨床心理面接　143
類型論　14, 27
劣等感　40
老賢者　38, 65
老年期　64
ロールシャッハ・テスト　18, 24, 114, 135

アルファベット

DA　→発達年齢
DAP　117
DIQ　→偏差知能指数
DN-CAS 認知評価システム　110
DQ　→発達指数
DSM-IV-TR　84
HTP テスト　117
ICD-10　84
IQ　→知能指数
K-ABC 心理・教育アセスメントバッテリー　110
K-SCT　→構成的文章完成法
MCC ベビーテスト　110
MMPI　24, 112
PDS　→個人資料票
P-F スタディ　115, 116, 137
SCT（文章完成法）　115, 137
TAT（主題統覚検査）　24, 41, 114
TEG　112
U. S. Army Test　107
WAIS　106
WISC　106
WPPSI　106
YG 性格検査　24, 112

人名索引

あ 行

アイゼンク（H. J. Eysenck）　31
アドラー（A. Adler）　31, 32, 39, 40
アブラハム（K. Abraham）　41
池田由子　165
磯貝芳郎　8
井上晶子　137
井村恒郎　142
岩田慶治　11
ウィニコット（D. W. Winnicott）　41, 50, 57
ウィルバー（K. Wilber）　44
ウェクスラー（E. Wechsler）　104, 105
上野ひさし　15
上原輝男　15
内田勇三郎　118
ウッドワース（R. S. Woodworth）　111
エビングハウス（H. Ebbinghaus）　115
エリアーデ（M. Eliade）　61
エリクソン（E. H. Erikson）　41, 51, 55, 57, 60
エレンベルガー（H. F. Ellenberger）　63
岡田康伸　44, 78
岡部祥一　114
小此木啓吾　152
オーティス（A. S. Otis）　107
オールポート（G. W. Allport）　142

か 行

皆藤章　180
カウフマン, A. S.（A. S. Kaufman）　110
カウフマン, N. L.（N. L. Kaufman）　110
片口安史　114
角野善宏　126
神谷美恵子　51, 57, 67
カルフ（D. M. Kalff）　11, 78
河合隼雄　56, 66, 73, 123, 164, 165, 172-174, 179, 180, 183, 185, 187
カント（I. Kant）　30
菊池道子　114
木戸幸聖　142
木村敏　95
キャッテル（R. B. Cattell）　31
キューブラ＝ロス（E. Kübler-Ross）　65
ギルフォード（J. P. Guilford）　112
グッドイナフ（F. L. Goodenough）　117
倉石精一　4
クライン（M. Klein）　41, 52-54, 163, 168, 172
クラインマン（A. Kleinman）　48
倉光修　140
クレッチマー（E. Kretschmer）　14, 28
クレペリン（E. Kraepelin）　118
グロフ（S. Grof）　44
ゲゼル（A. Gesell）　109
コッホ（K. Koch）　117
コフート（H. Kohut）　41
小山充道　130
ゴールトン（F. Galton）　111

さ 行

齋藤久美子　94
佐治守夫　3
佐藤紀子　165, 167, 169
佐野洋子　9
サリヴァン（H. S. Sullivan）　41, 57, 58, 156, 184
シェルドン（W. H. Sheldon）　29
シモン（T. Simon）　105
ジャネ（P. Janet）　32
シャルコー（J. M. Charcot）　32
シュテルン（W. Stern）　6
シュプランガー（E. Spranger）　30
シュルツ（J. H. Schultz）　74
ジョーンズ（E. Jones）　41

シルダー（P. Schilder）　15
鈴木治太郎　105
鈴木睦夫　115
スピッツ（R. A. Spitz）　8
関根康正　11
園原太郎　112
ゾロトウ（C. Zolotow）　60

た 行

ダーウィン（C. Darwin）　18, 30
ダス（J. P. Das）　110
田中寛一　105
ターマン（L. M. Terman）　105, 107
チャップマン（A. H. Chapman）　184
辻岡美延　112
坪内順子　115
デュセイ（J. M. Dusay）　112
テレンバッハ（H. Tellenbach）　87
土居健郎　82, 96, 161, 165

な 行

中井久夫　17, 73
中村伸一　130
中村紀子　114, 130
ナグリエリ（J. A. Naglieri）　110
西村洲衞男　17
ノイマン（E. Neumann）　53, 55, 58, 60, 61, 64, 164, 177

は 行

ハサウェイ（S. R. Hathaway）　112
秦一士　115
バック（J. N. Buck）　117
馬場禮子　93
ハーロー（H. F. Harlow）　8
バーン（E. Berne）　112
ピアジェ（J. Piaget）　104
ビネー（A. Binet）　105
ヒポクラテス（Hippocrates）　27, 28
ビューラー（C. Bühler）　109
ヒルマン（J. Hillman）　183

フィン（S. E. Finn）　131
フェレンツィ（S. Ferenczi）　41
藤岡喜愛　18
藤田宗和　115
藤原勝紀　77
フリードマン（M. Friedman）　86
フロイト（S. Freud）　21, 31-36, 40, 41, 52, 55-57, 74, 113, 175
フロイト，アンナ（A. Freud）　41
ブロイラー（E. Bleuler）　36
フロム（E. S. Fromm）　41
フロム＝ライヒマン（F. Fromm-Reichmann）　41
ペイン（A. F. Payne）　116
ヘルトリング（P. Härtlling）　185
ボーゲル（I. Vogel）　9
ホーナイ（K. Horney）　41
堀尾輝久　3
ホール（G. S. Hall）　111

ま 行

マコーバー（K. Machover）　117
マスターソン（J. F. Masterson）　172
マズロー（A. H. Maslow）　17, 44
マーチン（H. G. Martin）　112
マッキンレー（J. C. McKinley）　112
マーラー（M. Mohler）　163
マルグリス（L. Margulis）　18
マレー（H. A. Murray）　41, 114
ムーディ（R. A. Moody）　66
メーテルリンク（M. Maeterlink）　188
森田正馬　75
モルガン（C. D. Morgan）　114

や 行

安香宏　115
ヤスパース（K. Jaspers）　16
矢田部達郎　112
ユング（C. G. Jung）　5, 12, 17, 30-32, 36, 39, 43, 60-63, 65, 113, 147, 172
吉福伸逸　44

吉本伊信　75
依田明　9
米倉五郎　84

ら 行

ラカン（J. Lacan）　41

ロジャーズ（C. R. Rogers）　17, 27, 42, 43, 72, 74
ローゼンツァイク（S. Rosenzweig）　115
ローゼンマン（R. H. Rosenman）　86
ロールシャッハ（H. Rorschach）　114

◆ 著者紹介

岡田 康伸（おかだ　やすのぶ）　京都文教大学臨床心理学部教授，京都大学名誉教授
藤原 勝紀（ふじわら　かつのり）　放送大学京都学習センター所長，京都大学名誉教授
山下 一夫（やました　かずお）　鳴門教育大学理事・副学長
皆藤　章（かいとう　あきら）　京都大学大学院教育学研究科教授
竹内 健児（たけうち　けんじ）　法政大学学生相談室主任心理カウンセラー

パーソナリティの心理学　　〈ベーシック現代心理学 5〉
Psychology of Personality

2013 年 7 月 20 日　初版第 1 刷発行

著　者	岡田　康伸 藤原　勝紀 山下　一夫 皆藤　　章 竹内　健児
発行者	江草　貞治
発行所	株式会社　有斐閣 郵便番号 101-0051 東京都千代田区神田神保町 2-17 電話　(03)3264-1315〔編集〕 　　　(03)3265-6811〔営業〕 http://www.yuhikaku.co.jp/

印　刷　株式会社精興社
製　本　株式会社アトラス製本

© 2013, Y. Okada, K. Fujiwara, K. Yamashita, A. Kaito, K. Takeuchi.
Printed in Japan
落丁・乱丁本はお取替えいたします。
★定価はカバーに表示してあります。

ISBN 978-4-641-07244-2

[JCOPY] 本書の無断複写（コピー）は、著作権法上での例外を除き、禁じられています。複写される場合は、そのつど事前に、(社)出版者著作権管理機構（電話03-3513-6969, FAX03-3513-6979, e-mail:info@jcopy.or.jp）の許諾を得てください。